JANSEN-NÖLLENBURG • KATZE UND KIND

Welches Kind könnte einem so niedlichen Katzenbaby widerstehen? Die Anschaffung einer Katze sollte dennoch wohl überlegt getroffen werden. Foto: Jansen-Nöllenburg

Vorwort: Kind und Katze – ein ideales Gespann

Es gibt zahlreiche gute Gründe, sich eine Katze anzuschaffen. Wer Kinder im Umgang mit Katzen beobachtet, wird fasziniert sein, wenn er sieht, welche Zärtlichkeiten zwischen Kind und Katze ausgetauscht werden und wie sanft sie miteinander, unter entsprechender elterlicher Anleitung, umgehen. Kinder schauen sich gemütlich an ihre Katze gekuschelt im Fernsehen ihre Lieblingssendung an, teilen nachts ihr Kopfkissen mit ihr, spielen mit ihr, lassen sich von ihr trösten, wenn sie Sorgen haben, unterhalten sich mit ihr und es scheint so, als würde die Katze wirklich alles von dem verstehen, was das Kind ihr verbal und nonverbal mitteilt.

Die Katze ist für das Kind anders als der Teddybär oder die Lieblingspuppe nicht nur ein Partner, der nur in der Fantasiewelt des Kindes agiert, sie ist für das Kind real aktiv und reagiert direkt.

»... Dabei werden Tiere oft ganz explizit als ‚heimliche Miterzieher' angesehen. Sie stellen in einer Welt der zunehmenden Institutionalisierung, der Regelung und Kontrolle, in einer Gesellschaft der fortschreitenden Technisierung, ja, der Virtualisierung von Kommunikation und Kontakt jene ganz schlichten Mitlebewesen dar, die auf Kinder eine natürliche, doch oft sehr tiefe Anziehungskraft ausüben.«
(Prof. Dr. Erhard Olbrich, Psychologisches Institut Uni Erlangen, Nürnberg).

Der Kontakt mit der Katze gestaltet sich im lebendigen Austausch und bereichert so die Erlebniswelt des Kindes enorm. Gleichzeitig haben Katzen in der kindlichen Welt voller Ideen und Fantasien einen imaginativen Stellenwert, indem sie Begleiter bei erdachten Geschichten und Abenteuern sind, die kraft der Gedanken erlebt werden, sowie eine engere Verbindung zur Natur und zum Natürlichen bieten. Olbrich meint dazu: *»Tiere sind auch in unserer Zeit alles andere als ein Anachronismus. Das belegt ein Rückblick auf die Vorschulerziehung. Ähnlich wie Eltern der amerikanischen Mittelklasse legten auch wir in den 70er- und 80er-Jahren vor allem Wert auf die Verbesserung der kognitiven Fertigkei-*

Zeichnung: Elaria Klingenberg

ten. Heute bedauern wir oft die Einseitigkeit, die mit solcher Förderung verbunden war. Wir wurden zu einem kindlichen Kompetenztraining angeregt, das Steigerung intellektueller Leistungsfähigkeit von Vorschulkindern anstrebt, dabei aber deren (egozentrisches) Verstehen von Märchenfeen und Zauberern oder ihr Ahnen einer tieferen Verbundenheit mit Menschen und Tieren zurückdrängt.«

Tipp

Nicht nur Psychologen wissen zu berichten, wie wohltuend sich das Beisammensein mit einem Heimtier auf die kindliche Psyche auswirkt. Wenn Sie mit dem Gedanken spielen, aus Kind und Katze eine Symbiose werden zu lassen, so rate ich Ihnen, Familien zu besuchen, die Katzen als Haustiere halten, und sich von diesen über ihre Erfahrungen berichten zu lassen. Wie gut oder schlecht die Beziehung zwischen Kind und Katze funktioniert, ist von vielen Kriterien abhängig und nicht nur auf den elterlichen Einfluss zurückzuführen.

Meine Kindheit wurde durch Katzen, die mich zwar nur für Tage und Wochen begleiteten, enorm bereichert. Ich selbst bin ein großer Katzenfan und könnte mir ein Leben ohne Katzen nur schwer vorstellen. Schon als kleines Kind entdeckte ich in jedem Urlaubsort nach kürzester Zeit irgendwelche Katzen (und auch Hunde), mit denen ich begeistert spielte, schmuste und die ich fütterte. Für mich war es ganz selbstverständlich, dass, wenn ich ein halbes Jahr später an den gleichen Ort fuhr, die Katzen auf meine Lockrufe hin angelaufen kamen. Da es sich immer um frei laufende Katzen handelte, war es leider so, dass irgendwann Mohrle oder Peter und wie ich sie auch immer taufte nicht mehr zu mir kamen und ich war immer sehr traurig, wenn ich durch Nachfragen feststellen musste, dass sie nicht mehr lebten.

Mein Vater war damals in einem großen Betrieb tätig, in dem Katzen als Mäusefänger gehalten wurden. Wie es früher meist üblich war, waren die Katzen nicht kastriert, sodass generell im Frühjahr und Herbst Katzenbabys geboren wurden. Hin und wieder brachte mein Vater ein Junges für einen Tag mit nach Hause und das waren für mich besonders schöne Tage, obwohl es mir immer sehr schwer fiel, mich wieder von ihnen zu trennen. Katzen nur im Haus zu halten, war damals noch nicht so verbreitet wie heute und meine Eltern waren der Ansicht, dass eine reine Wohnungshaltung in der Stadt für eine Katze nicht artgerecht wäre. Ich kann mich noch sehr gut daran erinnern, dass ich, weil ich aus diesem Grund keine eigene Katze halten durfte, beschloss, irgendwann, wenn ich endlich groß wäre, mir den Wunsch nach einem Haus mit Garten und der für mich dazugehörigen Katze zu erfüllen.

Schon einige Jahre bevor mein Sohn geboren wurde, bekam ich meine ersten beiden Katzen und begann kurze Zeit darauf zu züchten. Während der Schwangerschaft lag immer eine Katze auf oder neben dem Bauch. Auch beim Stillen gab es keine Probleme. Die Katzen, auch Jungtiere, gruppierten sich gemütlich rund um mich und mein Kind.

Mein Sohn, Pascal, liebt alle unsere Katzen innig, hat jedoch zu zwei Tieren eine besonders starke Bindung geknüpft. Wie es zu dieser nun schon viele Jahre bestehenden Freundschaft gekommen ist, möchte ich ihnen gerne berichten, um zu verdeutlichen, wie schön und wie eng solche Beziehungen selbst bei kleinen Kindern sind und über lange Jahre sein können.

Als mein Sohn noch keine zwei Jahre alt war, wurde Camillo geboren – ein kleiner rot-silber getigerter Kater, der ungefähr im Alter von fünf Wochen Pascal auf Schritt und Tritt folgte. Beim Wickeln auf dem hohen Wickelturm stand Camillo immer unten und mauzte so lange derart kläglich, bis ich ihn auf den Tisch hob und hinter das Kind setzte, wo er brav wartete, bis ich mit dem Wickeln fertig war. Danach musste ich ihn wieder herunterheben. Ich überlegte hin und her, ob ich den Kater verkaufen sollte. Die Züchter, mit denen ich mich beriet, erklärten mich für verrückt und meinten, wenn ich jede Katze behalten wollte, die Pascal toll finden würde, könnte ich das Züchten bald dran geben, weil das Haus irgendwann voller Katzen wäre. Außerdem bekam ich überall zu hören, dass so kleine Kinder insgesamt schnell vergessen würden. Schweren Herzens verkaufte ich den Kater – mit der Auflage allerdings, dass, sollte er sich nicht innerhalb von 14 Tagen eingelebt haben, ich ihn wieder zurücknehmen würde. Eine Woche lang weinte mein Sohn täglich um seinen Kater und mich plagte mein schlechtes Gewissen. In der folgenden Woche zeigte er keine Trauer mehr und sprach auch nicht über Camillo, den er »Mi« nannte. Ich war beruhigt und nahm an, dass er ihn, wie es mir alle prophezeiten, vergessen hatte. Am Ende der Woche kam er auf meinen Schoß, weinte wieder und jammerte kläglich: »Mama, der ‚Mi', der ‚Mi'.« In diesem Augenblick klingelte das Telefon. Die neue Besitzerin von Camillo teilte mir mit, dass der Kater sich in ihren Zuchtbestand nicht eingliedern ließ und nur unter dem Bett ihres jüngsten Sohnes sitzen würde. Sie wollte den Kater wieder zurückbringen. Sie können sich überhaupt nicht vorstellen, wie groß die Freude bei Kater und Kind war, als sie sich wieder sahen. Wir beschlossen daraufhin, uns von Camillo nicht mehr zu trennen.

Während ich dieses Buch schreibe, ist Pascal fast 13 Jahre alt. Camillo schläft jede Nacht auf seinem Kopfkissen. Im Alltag geben sich die beiden viel. Es hat sich eine innige Freundschaft entwickelt, die ich für meinen Sohn nicht missen möchte.

Ungefähr zur gleichen Zeit, zu der Camillo wieder zu uns zurückkam, zog eine kleine getigerte Norwegische Waldkatze namens Upsala bei uns ein, die Pascal kurz »Mimi« taufte. Sie adoptierte Pascal und behandelte ihn fast wie ein eigenes Katzenkind. Jeden Morgen, wenn er seine Flasche Milch trank, legte er dabei seinen Kopf auf ihren Bauch und sie blieb so lange liegen, bis er die Flasche ausgetrunken hatte, danach putzte sie ihn. Sie sowie alle nachfolgenden Samtpfoten nahmen und nehmen einen wichtigen Stellenwert im Leben meines Kindes ein. Auch seine Freunde begeisterten sich für unsere Stubentiger. Das Spielen mit Jungtieren hat ihnen, insbesondere als sie noch jünger waren, immer sehr viel Spaß gemacht.

1. Sie haben eine Katze und möchten Eltern werden

Worauf Sie achten sollten

Wie alles im Leben hat auch der Zeitpunkt für die Anschaffung einer Katze, je nach familiärer Situation, sein Für und Wider. Den richtigen Moment zu finden, ist abhängig von Ihrer Lebenssituation. Wenn Sie irgendwann ein Kind haben möchten und sich zunächst eine Katze wünschen, so ist dies kein Problem.

Sehen Sie die Katze aber bitte nicht als reinen Ersatz für ein Kind an. Sollte dies so sein, so stellt sich zwangsläufig die Frage, welchen Stellenwert die Katze einnehmen wird, ist Ihr Wunschkind erst einmal geboren. Fast immer sind dies Situationen, wo es zu Schwierigkeiten kommt. Die Katze spürt, dass sie nicht mehr die »Nummer eins« ist, fühlt sich schnell vernachlässigt, wird eifersüchtig und wird aus dieser Situation heraus gegen die neuen Umstände, die sie aus dem Gleichgewicht werfen, protestieren. Nicht selten hört man *dann* von Fällen, in denen Katzen verhaltensauffällig wurden, weil sie sich nicht mehr geliebt und akzeptiert fühlten.

Wenn Sie die Katze als echtes Familienmitglied betrachten und sie – was ich voraussetze – auch dann noch gern haben, wenn Ihr Kind erst einmal auf der Welt ist, so lassen sich Probleme ganz einfach vermeiden. Zahlreiche Tipps, die ich Ihnen nachfolgend geben möchte, werden dazu beitragen.

Keine Angst vor Ammenmärchen!

Als wir unseren Sohn erwarteten, hörten wir von verschiedenen Seiten, dass wir uns ja nun zum Schutz des Kindes von unseren Katzen trennen müssten. In den Horrorgeschichten, die mir erzählt wurden, starben Kinder durch den Kontakt mit Katzen, weil sie an einem verschluckten Katzenhaar erstickten oder sich Katzen im Bett auf das Kind legten und es so keine Luft mehr bekam. Ebenso war von

Wurmbefall die Rede. Ganz ehrlich, diese »storys« gingen mir auf die Nerven. Ich fragte die Märchenerzähler daher stets, ob sie mir konkret eine Familie nennen könnten, denen ein derartiges Schicksal widerfahren war. Keinem war dies möglich. Ich hielt den Bangemachern damals entgegen, dass Frauen aus der Landwirtschaft, die immer mit allerlei Tieren leben, wohl nie gesunde Kinder großziehen könnten und dass die Ängste vor dem Zusammenleben mit Katzen wohl im Mittelalter ihren Ursprung haben müssten, in einer Zeit, da mangels entsprechender medizinischer Versorgung und notwendiger Hygienekenntnissen eine hohe Kindersterblichkeit zu verzeichnen war. Fortan wurde ich in Ruhe gelassen.

Einige kritische Bemerkungen musste ich mir noch anhören, als unsere Katze Else, Pascal war einige Monate alt, vier niedliche Babys bekam, die es sich besonders gerne (natürlich nur unter Aufsicht) neben

Ein Küsschen für die Katze? Hygienische Bedenken sind bei gesunden Vierbeinern unangebracht. Regelmäßige Gesundheitsprophylaxen sollten allerdings nicht versäumt werden. Foto: Jansen-Nöllenburg

der Wippe gemütlich machten. Unser Sohn, so klein er war, erfreute sich immer am Spiel der jungen Katzen und brauchte keine Beschäftigung durch mich, solange die kleinen Katzen durchs Wohnzimmer tobten. Nur Katzenmutter Else fand das Ganze ungerecht. Schließlich hatte ich mich, so schien sie zu meinen, nur um ein Kind und sie sich um vier Babys zu kümmern. Hin und wieder packte sie ein Kätzchen, legte es mir vor die Füße, gurrte mich an und ging. Wenn ich es ihr hinterhertrug und wieder in die Wurfkiste legte, hatte ich das Gefühl, sie würde mich jedesmal empört ansehen, weil ich mit ihrer Form der Arbeitsteilung nicht einverstanden war.

1997 bat mich die Redakteurin des Schweizer Katzenmagazins, Angst machenden Geschichten bezüglich des Zusammenlebens von Säuglingen, Kleinkindern und Katzen nachzugehen und einen diesbezüglichen Artikel zu schreiben. Ich recherchierte und ging davon aus, dass, wäre irgend etwas Wahres an den Ammenmärchen, solche Vorfälle behördlich registriert würden. Ich schrieb das Ministerium für Arbeit, Gesundheit und Soziales des Landes Nordrhein-Westfalen an und fragte nach, ob es Informationen, wissenschaftliche Erkenntnisse oder Publikationen über den Kindstod durch den Kontakt mit Katzen gäbe, weil Kinder Katzenhaare verschluckt hätten oder weil sich Katzen auf Kinder legten und diese dadurch erstickt wären. Dr. Ziegler antwortete auf meine Fragen, dass ihm keine diesbezüglichen Untersuchungen vorliegen. Dann wollte ich sehen, welche Erfahrungen es in dieser Hinsicht in der Schweiz gab und setzte mich mit dem verantwortlichen Sprecher der Verbindung der Schweizer Ärzte FMH in Bern und dem Bundesamt für Statistik in Verbindung. Auch von dieser Seite wurde mir bestätigt, dass keine derartigen Vorfälle bekannt wären.

Sie sehen liebe Eltern, dass Sie sich nicht ängstigen müssen. Eher sollten Sie Märchenerzähler, die Ihnen das Leben mit einer Katze ausreden wollen, ignorieren. Selbstverständlich dürfen – das kann man gar nicht oft genug betonen – Säugling, Kleinkind und Katze nicht unbeaufsichtigt zusammen sein. Auch sollte die Katze durch einfache Prophylaxen gesund und frei von parasitärem Befall sein. Das zu regeln ist jedoch kein Problem, wenn Sie einige wenige Tipps für den Alltag befolgen.

Ob die Katze schon mit Ihnen zusammenlebt oder ob mit der Schwangerschaft (z.B. aus Zeitgründen) sich für Sie der richtige

Zeitpunkt zur Anschaffung einer Katze erst ergibt: Sie werden sehen, wie bereichernd sich das Beisammensein mit einer Samtpfote auf Ihr Wohlbefinden auswirken kann. Während meiner Schwangerschaft war der beste Platz für meine Katzen der auf meinem Bauch, wenn ich es mir auf der Couch gemütlich machte. Das Schnurren meiner Samtpfoten, so hatte ich den Eindruck, entspannte nicht nur mich, sondern auch das Kind, das ja ab einem gewissen Stadium seiner Entwicklung in der Lage ist, Geräusche mehr und mehr wahrzunehmen.

Werdende Mütter werden leider immer noch dahin gehend verunsichert, dass das Zusammenleben mit einer Katze gesundheitsschädlich für sie und das Ungeborene sein könnte. Die Gefahr einer Toxoplasmoseinfektion, vor der so häufig gewarnt wird, ist durch einfache Maßnahmen völlig auszuschließen. Doch zunächst einmal sollten Sie wissen, um was für eine Erkrankung es sich dabei handelt.

Was bedeutet Toxoplasmose?

Wir haben es hier mit einem Erreger zu tun, mit dem Menschen und Katzen sich durch den Genuss von rohem oder unzureichend gebratenem Schweine- und Schaffleisch infizieren können. Beim Kochen oder Braten des Fleisches bei mindestens 70°C und beim Gefrieren des Fleisches auf minus 20°C werden die Erreger abgetötet. Der Verzehr ist dann für Mensch und Tier unschädlich. Generell sollte während der Schwangerschaft aus diesem Grund auf das Essen von rohem Fleisch verzichtet werden. Auch die Katze sollte kein ungekochtes Fleisch erhalten.

Doch warum kann eine Infektion durch eine mit dem Toxoplasmoseerreger infizierte Katze zu einer Bedrohung werden? In welchem Zusammenhang steht die Infektion der Katze mit dem Menschen?

Für die menschliche Toxoplasmose, deren Erreger »toxoplasmose gondii« heißt, ist die Katze das einzige Haustier, das eine Rolle in der Epidemiologie spielt, weil sie Oozysten mit dem Kot ausscheidet, die im feuchten Milieu lange Zeit infektiös bleiben.

Bei oraler Aufnahme der Oozysten besteht die Gefahr der latenten Infektion, die eine Bildung von Toxoplasmose-Zysten zur Folge haben könnte, was für das ungeborene Leben tödlich sein kann. So weit kann es eigentlich nur bei Vernachlässigung normaler Hygiene-

maßnahmen kommen, zum Beispiel durch Streicheln einer Katze mit verschmutztem Fell und anschließender Nahrungsaufnahme ohne vorheriges Händewaschen.
Auch das Reinigen der Katzentoilette sollte aus diesem Grund während der Schwangerschaft vom werdenden Vater durchgeführt werden. Ist eine Reinigung der Toilette durch den Partner nicht möglich, so rate ich Ihnen, Einweghandschuhe für das Säubern der Toilette zu benutzen.

Das Ganze hört sich dramatischer an als es ist!
Halten Sie sich vor Augen, dass zahlreiche Frauen vor Ihnen ein Kind bekommen haben und ihr Leben mit einer oder mehreren Katzen teilten, ohne dass es zu einer Infektion gekommen ist. Generell wird Ihr Gynäkologe aus Sicherheitsgründen eine Toxoplasmose-Untersuchung mittels Blutuntersuchung empfehlen. Viele Menschen haben sich im Laufe ihres Lebens schon mit dem Erreger infiziert und dadurch eine Immunität aufgebaut.
Sollten Sie zu den Menschen gehören, die zuvor noch keinen Kontakt mit Erregern hatten, so rate ich Ihnen, zu Ihrer eigenen Beruhigung Ihre Katze diesbezüglich untersuchen zu lassen. Selbst wenn Ihre Mieze völlig gesund erscheint und von Ihnen niemals rohes Fleisch gefüttert bekommen hat, sollten Sie beim Veterinär eine serologische und eine Kotuntersuchung durchführen lassen, um eine Erkrankung ausschließen zu können. Dies ist insbesondere für Freigänger und für Katzen, deren Vorgeschichte unbekannt ist, empfehlenswert.

Tipp

Vor jedem Essen müssen Sie die Hände waschen! Überlassen Sie das Reinigen der Toilette Ihrem Partner oder benutzen Sie Einweghandschuhe!

So erleichtern Sie Ihrer Katze die Umstellung

Mit ein paar Änderungen im Umgang mit der Katze können Sie diese schon während Ihrer Schwangerschaft auf den späteren Einzug des Säuglings vorbereiten. Wenn es noch so ist, dass Ihre Katze es sich überall gemütlich machen darf und geschlossene Türen als Zumutung empfindet, so sollten Sie frühzeitig mit einem Umerziehungsprogramm beginnen.

Tabuzonen einrichten – wie und warum

Erklären Sie einen Raum Ihres Hauses oder der Wohnung als verbotene Zone für Ihre Katze. Am leichtesten akzeptiert ein Vierbeiner ein solches Verbot, wenn es konsequent über einen gewissen Zeitraum besteht. Wenn Sie der Katze einmal Zugang gewähren und ein anderes Mal wieder nicht, gerade wie es Ihnen gefällt, so ist dies für das Tier nur schwer nachvollziehbar. Viele Katzen können geschlossene Türen überhaupt nicht leiden und es scheint so, als würden sie dies als persönliche Herausforderung empfinden. Sie stehen stundenlang mauzend vor der Türe, kratzen am Teppich oder setzen zum Protest Kot und Urin davor ab. Schon vor der Geburt von Pascal erklärte ich das Kinderzimmer zur katzenfreien Zone. Aber einige meiner Katzen waren in der Lage, auf die Klinke zu springen und so sämtliche verschlossenen Türen zu öffnen. In solchen Fällen rät es sich, Drehknöpfe anstelle von Klinken anzubringen. Fliesen- oder Parkettböden machen das Kratzen im Gegensatz zum Teppichbelag unattraktiv. Unsere Katzen lernten mittels dieser Maßnahmen schnell, dass ihre Bemühungen, in sämtliche Räume zu gelangen, nicht von Erfolg gekrönt waren und gaben ihre Versuche schnell auf. Nun wollte ich damals meinen Sohn, z.B. wenn er wach war, ich mich aber nicht mit ihm beschäftigen und ihn und die Katze folglich nicht direkt im Blick haben konnte, nicht immer in sein Kinderzimmer legen. Ich kaufte mir daher schon während der Schwangerschaft einen sehr großen, stabilen, beweglichen Holzlaufstall und brachte den Katzen bei, dass auch dieser für sie tabu sei. Ich zeigte meinen Samtpfoten einmal den Laufstall und sagte laut und bestimmt: »Nein, verboten!« Wenn sie dann in den Laufstall hinein wollten, klatschte ich in die Hände und rief wieder laut das Verbot. Eine meiner Katzen, die partout nicht hören wollte, bespritzte ich zur Abschreckung mittels einer Wasserpistole (das funktioniert allerdings nur bei wasserscheuen Katzen). Musste ich

> **Tipp**
>
> **Wenn Sie Ihre Mieze erst dann, wenn das Kind da ist, aus Räumen wie Kinder- oder Schlafzimmer aussperren, könnte die Katze das als Liebesentzug empfinden und entsprechend negativ darauf reagieren.**

außer Haus, stellte ich den Laufstall in das geschlossene Kinderzimmer. Wenn ich zum Beispiel kochen musste, legte oder setzte ich Pascal mit einer Spieluhr oder einem Spielzeug hinein, konnte mit ihm reden und meiner Arbeit nachgehen, ohne Angst haben zu müssen, dass es zu einem Missverständnis kam.

Tipp

Tabuzonen frühzeitig einzurichten, ist zum Schutz des kleinen Kindes unerlässlich. Da Säuglinge und Kleinkinder niemals mit Katzen unbeaufsichtigt zusammen sein sollten, erleichtern solche Maßnahmen auch den Tagesablauf und verhindern das Aufkommen von Stress.

Keine gut aufgezogene Katze würde generell einem Kind etwas Böses tun. Stellen Sie sich aber bitte eine Situation vor, in der die Katze sich gemütlich an den Säugling kuschelt und dieser, noch in der Phase des Greifreflexes, in das Fell der Katze fasst, nicht mehr loslässt und ihr somit Schmerzen zufügt. Selbst eine äußerst wesensfeste Katze könnte hierauf mit Abwehr reagieren. Zu konfliktbehafteten Konstellationen wird es in der Regel gar nicht erst kommen, wenn Eltern sich gewissenhaft um den Schutz von Kind und Katze bemühen.

Sobald das Kind Verbote verstehen kann, wird auch dieses lernen müssen, spezifische Bereiche der Katze wie den Kratzbaum, den Futterplatz, die Katzentoilette usw. zu respektieren (s. Seite 31)

Die Katze auf den Einzug des Babys vorbereiten

Lassen Sie uns doch einmal aus Sicht der Katze den Einzug des Säuglings beleuchten. Zunächst hatten Sie vermutlich wenigstens während der letzten Monate der Schwangerschaft viel Muße, es sich mit Ihrer Samtpfote gemütlich zu machen. Ihre Katze hat gegebenenfalls in dieser Zeit noch mehr Zuneigung und Aufmerksamkeit erhalten als je zuvor. Dann packen Sie plötzlich Ihre Koffer und sind weg. Die Katze wird Sie schmerzlich vermissen, zumal Herrchen sich auch nur wenig um sie kümmern wird, weil er oft außer Haus ist, gegebenenfalls arbeiten geht, Sie im Krankenhaus besucht und noch etliches zu erledigen hat. Kommt er heim, so riecht er ganz anders als zuvor. Die Katze wird verunsichert sein. Einige Tage später sind Sie, sehr zur Freude Ihrer

Die erste Begegnung zwischen Katze und Baby sollte behutsam verlaufen. Generell dürfen die beiden nicht alleine gelassen werden. Foto: Jansen-Nöllenburg

Katze, wieder zu Hause, riechen allerdings auch ganz seltsam und haben zudem ein kleines, laut schreiendes Bündel unter dem Arm, um das Sie sich unentwegt kümmern und mit dem Sie so nett reden, wie zuvor mit Ihrer Mieze. Zwar streicheln Sie ihr kurz freundlich über den Kopf, doch Ihre ganze Aufmerksamkeit widmen Sie letztendlich Ihrem Kind. Können Sie sich vorstellen, wie Ihre Katze sich fühlen wird? Selbstverständlich wird sie sich ängstigen, sich vernachlässigt fühlen und unglücklich sein.

Ein solcher Einzug kann sich aber mit Hilfe einiger kleiner Tricks, die ich selbst erprobt habe, viel positiver und Freude bringender für alle gestalten.

Wie Sie an der kleinen Geschichte zuvor erkennen konnten, sind unsere Katzen ganz stark abhängig von Gerüchen und auch ungewohnte Geräusche können sie ängstigen. Wenn Sie Ihre Katze entsprechend vorbereiten, wird sie die neue Lage viel gelassener bewältigen können. Als ich noch mit unserem Sohn im Krankenhaus war, gab ich meinem

Tipp

Wenn Sie Freunde, Bekannte oder Verwandte mit Kindern haben, laden Sie diese öfter zu sich ein. Leiten Sie die Kleinen zum vernünftigen Umgang mit Ihrer Katze an, sodass sie positive Erfahrungen sammeln und erkennen kann, dass Kinderlärm sie nicht zu beängstigen braucht. Dies ist insbesondere dann wichtig, wenn Sie zuvor über einen besonders ruhigen Haushalt verfügten und/oder mit einer Katze Ihr Leben teilen, die besonders schreckhaft auf Geräusche reagiert. Gehen Sie dabei behutsam vor. Gewöhnen Sie die Katze erst nach und nach an einen wachsenden Geräuschpegel.

Mann zwei vom Kind zuvor getragene Strampelanzüge und ein Nachthemd von mir mit, die er auf den bevorzugten Liegeplätzen der Katzen deponierte. Die Katzen konnten sich so mit den neuen Gerüchen vertraut machen. Auch machten wir eine Kassettenbandaufnahme vom Schreien unseres Sohnes, die mein Mann unseren Katzen in unterschiedlichen Lautstärken immer wieder vorspielte, bis sie darauf überhaupt nicht mehr bzw. kaum reagierten. Wir wollten damit erreichen, dass die Laute des Kindes schon vor dem Einzug zum Alltag der Katzen gehörten.
Als wir aus dem Krankenhaus nach Hause kamen, kamen alle unsere Katzen uns freudig begrüßend zur Türe. Ich streichelte jede, sprach mit ihnen und stellte den Babykorb auf den Boden. Interessiert schnupperten sie am Kind und zeigten, auch als es einige Zeit später schrie, keine echte Unruhe, eher beobachteten sie aufmerksam das Geschehen.

Planen Sie eine Hausgeburt?

Sollten Sie eine Hausgeburt planen, rate ich Ihnen, die Katze für einige Tage bei Verwandten oder Freunden unterzubringen, um Verunsicherung und Vernachlässigung zu vermeiden. Auch für Sie wird es angenehmer sein, wenn Sie sich in Ruhe auf die Geburt konzentrieren können, ohne sich vom Mauzen der Katze ablenken zu lassen, die fühlt, dass etwas Besonderes geschieht und daher vielleicht Ihre Nähe sucht. Auch müssen Sie sich dann keine Gedanken darüber machen, ob das Tier ordentlich versorgt wird.

Das Leben mit Katze und Baby

Das Kind braucht Ruhe

Junge Eltern wissen ein Lied davon zu singen, wie schwer es (bis auf einige Ausnahmen) ist, einen Säugling oder ein Kleinkind in den Schlaf zu bekommen. Stundenlang hat man das Kleine getragen, ihm etwas vorgesungen und ist vielleicht sogar mit dem Auto durch die Gegend gefahren, damit es endlich, endlich schläft. Man schleicht auf Zehenspitzen durch die Wohnung, damit das Kleine ja nicht aufwacht und man sich ein wenig erholen kann. Die meisten Katzen sind froh, wenn sie ihre Menschen endlich für sich haben und Ruhe einkehrt.
Wenn aber die Mieze sich laut miauend vor die Kinderzimmer- oder Schlafzimmertür stellt, weil sie sich nun gar nicht von dem Kind trennen will, kann einen das schon ganz schön wütend machen. Denn einige kinderfreundliche Miezen können es gar nicht ertragen, wenn das neue Familienmitglied für sie nicht mehr erreichbar ist.

Unser Kater Camillo machte jedes Mal ein absolutes Spektakel, wenn Pascal zu Bett gebracht wurde und wollte unbedingt bei ihm sein. (Nach einigen Jahren hat er es im Übrigen endlich geschafft, doch damals war unser Sohn noch zu klein, um ihn und Camillo nachts unbeaufsichtigt zusammen zu lassen.) Zunächst versuchten wir den Kater mit »Leckerchen« und Spiel abzulenken. Sobald wir unser Camillo-Unterhaltungsprogramm abbrachen und uns anderen Dingen zuwandten, ging das Theater wieder von vorne los. Irgendwann waren wir es leid und sperrten ihn jeweils für eine Stunde ins Arbeitszimmer. Danach hatte er keine Ambitionen mehr, unseren Sohn zu wecken. Nach einer Weile gewöhnte er sich so sehr daran, dass er freiwillig, sobald wir Pascal zu Bett gebracht hatten, in »sein« Zimmer lief.

Wenn Sie keinen speziellen Raum haben, in den Sie eine »nervtötende« Mieze kurzfristig einsperren können, können Sie ein kleines, gemütliches Eckchen im Bad einrichten oder die Katze in einen Transportkorb oder Aufzuchtkäfig setzen. Diese Möglichkeit können Sie auch wählen, wenn es Ihnen für **kurze Zeit** nicht möglich ist, Kind und Katze im Blick zu behalten.

> Tipp
>
> **Sentimentalität ist hier fehl am Platze. Als *kurzfristiges* Hilfsmittel leiden Katzen, die sich schnell an immer wiederkehrende Tagesabläufe gewöhnen, nicht unter einer solchen Regelung und empfinden sie bei ansonsten liebevoller Behandlung auch nicht als Strafe.**
>
> **Ganz wichtig ist die Anschaffung eines elektronischen Babysitters, der es Ihnen ermöglicht, bei geschlossenen Türen und auch Hintergrundgeräuschen wie Musik oder Fernsehen das Kind zu hören, wenn es Sie braucht.**

Stillen – kein Problem

Beim Stillen hatte ich immer ein bis zwei Katzen an meiner Seite liegen. Als Pascal nach dem Abstillen die Flasche manchmal nicht schnell genug bekam und wohl nach Ansicht eines meiner Weibchen zu lange weinte, kam es immer aufgeregt zu mir gelaufen und schimpfte mit mir. Die Angst davor, dass das Kind im engen Kontakt mit den Tieren erkranken könnte, hatte ich nie. Bei Einhaltung der Hygienemaßnahmen zur Brustpflege, die in der Regel im Krankenhaus vermittelt werden, ist *keine* Infektion zu befürchten, nur weil die Katzen beim Stillen mit auf dem Sofa liegen.

> Tipp
>
> **Voraussetzung für einen unbedenklichen Kontakt ist selbstverständlich die Gesundheit der Katzen!**
>
> **Ein Gesundheitscheck sollte gleich zu Beginn der Schwangerschaft erfolgen.**

Was tun mit schmutzigen Windeln?

Auch das Wickeln verlief bei uns und auch bei befreundeten Züchtern unproblematisch. Die Windeln sollten jedoch möglichst sofort entsorgt werden. Lässt man sie liegen, ist es möglich, dass hierauf zumindest ein potenter Kater seine eigene Duftmarke setzt.

Meine Freundin Claudia Jäger lebt mit vier Kindern, etlichen Katzen und mehreren Hunden in einem Haus in Belgien. Dass ihre Tiere sich beim Stillen und Wickeln stets in unmittelbarer Nähe befinden, ist für sie kein Problem. Foto: Jansen-Nöllenburg

Gewohnheiten der Katze beibehalten

Vermutlich ist Ihre Katze einen bestimmten Tagesablauf gewöhnt. Je nach Alter einer Katze, wird sie sich in Veränderungen mehr oder weniger gut einfügen. Wenn Sie wenigstens einige Gewohnheiten der Katze wie bestimmte Fütterungszeiten beibehalten, erleichtern Sie ihr die Umstellung in eine neue Lebenssituation. Dabei sollte Ihr Partner Sie unterstützen. Sollten Sie feststellen, dass Sie Ihren Alltag zunächst nur schwer bewältigt bekommen, z.B. weil Sie aufgrund von permanentem Schlafmangel völlig übermüdet sind, so können Sie Verwandte oder Freunde einladen, die Ihnen so unter die Arme greifen, dass sie sich entweder komplett der Katze widmen, mit ihr spielen und schmusen oder einen Spaziergang mit dem Kind machen, sodass Sie es sich mit der Mieze gemütlich machen können.

Eifersucht der Katze vermeiden

Es ist ganz natürlich, dass sich zunächst alles um den kleinen Erdenbürger dreht. Die Lebensumstellung, die sich aus den neuen Anforderungen ergibt, ist zunächst nicht immer ganz einfach zu bewältigen. Schlafmangel und Sorgen, die aus Unsicherheit um das Wohl des Kindes entstehen können, bestimmen häufig den Tagesablauf. Arbeiten, die zuvor mit links erledigt wurden, fallen jetzt gegebenenfalls viel schwerer und frau fragt sich, wie sie bei ständigem Stillen, Wickeln und Tragen des Kindes überhaupt noch ihre Hausarbeit erledigen kann. Dass die Katze dabei schnell vergessen wird, auch wenn Sie sie wirklich gern haben, ist verständlich, aber ganz einfach vermeidbar.

Fühlt die Katze sich definitiv vernachlässigt, so wird sie sich dagegen wehren. Die Protestmaßnahmen der Katze werden Ihr Stresspotential erhöhen und den Alltag belasten. Bedenken Sie bitte, die Katze ist nicht böse oder lehnt das Kind ab, wenn sie zum Beispiel auf das Oberbett des Kindes harnt oder andere Ihnen unangenehme Dinge macht. Sie ist lediglich traurig, fühlt sich verletzt, verunsichert und vernachlässigt.

Binden Sie die Katze in den Tagesablauf mit ein, indem Sie viel mit ihr reden, erzählen Sie ihr einfach,

Tipp

Setzen Sie die Hausarbeit nicht über Ihr eigenes Wohl. Lassen Sie lieber einmal etwas liegen und machen Sie es sich mit Ihrer Katze auf dem Sofa gemütlich, wenn Ihr Kind Sie nicht braucht und zum Beispiel schläft. Sie werden sehen, dass Sie sich anschließend viel besser fühlen und stärker. Befreien Sie sich von Schuldgefühlen! Viele junge Mütter leiden in den ersten Monaten unter dem Gefühl, nicht perfekt zu sein. Fröhlichkeit und Ausgeglichenheit sind letztendlich für das Wohlbefinden der ganzen Familie und des Stubentigers viel besser als unter Leidensdruck entstandene Perfektion.

was Sie gerade tun und streicheln Sie sie nebenbei immer wieder kurz. Das Tier wird so das Gefühl haben, dass es Ihnen immer noch wichtig ist, auch wenn Sie nicht mehr so viel Zeit haben wie früher. Viele kleine Zärtlichkeiten können in der Summe genauso viel bringen wie ein langes Schmusestündchen. Lassen Sie die Katze in Ihrem Beisein ruhig Kontakt mit dem Kind aufnehmen. Sie sollte nach wie vor neben Ihnen auf der Couch liegen dürfen, am Kind schnuppern können, es unter Ihrer Aufsicht putzen dürfen und Ähnliches. Eine gesunde Katze kann dem Kind diesbezüglich keinesfalls schaden. Rufen Sie die Katze, wenn Sie das Kind wickeln oder baden. Lassen Sie Ihren Vierbeiner zuschauen.

Sollten Sie das Gefühl haben, dass Ihnen die Dinge zeitweilig über den Kopf wachsen, werfen Sie die Flinte nicht ins Korn, zweifeln Sie nicht an Ihrem Organisationstalent und Ihrer Befähigung als gute Katzenhalterin und Mutter, sondern bitten

Hin und wieder sollten gestresste Mütter es sich mit ihrer Samtpfote auf dem Sofa gemütlich machen. Das bietet Entspannung und gibt neue Kraft.
Foto: Jansen-Nöllenburg

Sie Verwandte oder Freunde um Hilfe, damit Sie sich Ruhephasen schaffen können. Nutzen Sie diese zur Erholung und nicht, um irgendwelche vermeintlich wichtige Dinge zu erledigen.

Die Beziehung der Katze zum Säugling fördern

Wenn Sie wie zuvor in einzelnen Schritten beschrieben verfahren, d.h. die Katze schon vor dem Einzug Ihres Babys auf dieses vorbereiten und sie dann weiter in den Tagesablauf mit einbeziehen, so wird dies entweder dazu führen, dass Ihre Katze Ihr Kind innig liebt oder es zumindest respektiert und nicht als Stressfaktor empfindet. Ich habe Ihnen zuvor einige Anekdoten aus unserem Familienleben mit Kind und Katzen erzählt. Keine meiner Katzen fürchtete sich vor unserem Sohn. Wohl hielt die eine oder andere einen gewissen Abstand, andere wiederum waren und sind mit ihm innig verbunden. Wie sich die Beziehungen gestalten, ist vom Wesen des jeweiligen Tieres abhängig und von seinen positiven ersten sowie späteren Erfahrungen.

Sie können viel dazu beitragen, dass eine gegenseitige Zuneigung, die das Kind erst mit dem Heranwachsen als Mitglied der Familiengemeinschaft wahrnehmen wird, entsteht. Was Sie Ihrem Kind vorleben, wird – kombiniert mit Ihrer Anleitung im Umgang mit dem Tier – prägend für es sein.

III. Die Entwicklung des kleinen Kindes

Der Greifreflex – hier ist Vorsicht geboten

Fast jeder Tag im Leben mit dem Säugling bietet Eltern etwas Neues und jeder kleine Entwicklungsschritt wird begeistert registriert. Für die Katze ist zunächst im Kontakt mit dem Kind lediglich der Klammer- und Greifreflex, der bei der Berührung von Hand- undFußflächen erfolgt, von Bedeutung. Sollte die Katze neben dem Säugling liegen und der Schwanz der Katze zum Beispiel die Handinnenfläche des Kindes berühren, so wird das Kind die Hand schließen. Das Kind handelt hier nicht bewusst. Dem Tier, dem so Schmerzen zugefügt werden, ist dies jedoch nicht klar. Es wird mit Abwehr reagieren.

Diese Katze fühlt sich nicht bedrängt. Begegnungen zwischen ganz kleinen Kindern und Katzen sollten aber stets nur unter Aufsicht stattfinden. Foto: Jansen-Nöllenburg

Das erste Jahr

Ab etwa einem Alter von sechs Monaten beginnt das Kind zu krabbeln und gefasste Gegenstände gegebenenfalls zu werfen. Das Kind ist in der Lage, sich auf die Katze zuzubewegen. Ganz wichtig ist es dann, dass die Katze sich nicht bedrängt fühlt und Rückzugsmöglichkeiten hat. Nach und nach lernt die Katze die unterschiedlichen Phasen des Kindes einzuschätzen. Dennoch haben fast alle meine Katzen überrascht reagiert, als mein Sohn kurz vor seinem ersten Geburtstag sich am Tisch hochzog, seine ersten Schritte auf zwei Beinen ging. Sie hielten zunächst, ihn vorsichtig beobachtend, einige Tage Abstand. Aus Sicht der Katzen wirkte er nun größer und musste somit von ihnen neu eingeschätzt werden.

Das Kind entdeckt die Umwelt

Im zweiten Lebensjahr ist die Entwicklung des Kindes unter anderem geprägt durch das Entdecken seiner Umwelt. Das Kind versteht einfache Aufforderungen, wenn diese mit einer bestimmten, nicht zu abstrakten Situation verknüpft werden.

Tipp

Ab etwa dem Alter von neun Monaten wird für ein Kind ein ganz bestimmtes Kuscheltier, eine weiche Decke oder Ähnliches wichtig. Das Kuscheltier muss überall dabei sein und ist auch zum Einschlafen unersetzlich. Kinderpsychologen gehen davon aus, dass diese Schmuseobjekte in gewisser Weise einen Ersatz für die körperliche Nähe der Mutter darstellen. Das Gefühl, dass der Teddy oder die Puppe unersetzbar ist, behalten die Kinder oft noch über Jahre auch bis in die Pubertät bei. Kinder, die mit Katzen zusammenleben, können ab einem gewissen Alter ihre Zuneigung vom Schmusetier auf die Katze übertragen. Dies ist sicherlich sehr schön für Kind und Katze. Eltern sollten dennoch bedenken, dass es nicht möglich ist, die Katze immer mitzunehmen, wenn sie das Haus verlassen. Es rät sich daher, darauf zu achten, dass das Kuscheltier für das insbesondere kleine Kind nicht völlig an Bedeutung verliert.

Tipp

Die Katzentoilette ist aus Sicht des Kindes ein wunderbarer Sandkasten. Wenn Sie nicht ständig darauf achten möchten, dass das Kind mit der Streu spielt und sie vielleicht sogar in den Mund nimmt, so sollten Sie ein Schutzgitter vor der Badezimmertür anbringen. Manchen Katzen ist ein solches Gitter zunächst etwas unheimlich. Stellen Sie vor dem Gitter auf jeder Seite einen stabilen Karton oder einen Stuhl auf, sodass die Katze das Springen darüber üben kann.
Wenn Ihr Kind am Katzenfutter Ihrer gesunden Katze nascht, so ist dies kein Grund zur Sorge. Um jedoch zu vermeiden, dass das Futter zum Spielzeug wird und vom Kind in der ganzen Wohnung verschmiert wird, können Sie die Katzennahrung an einem für das Kind unerreichbaren Ort platzieren, zum Beispiel auf der Anrichte in der Küche oder im Bad in entsprechender Entfernung von der Katzentoilette.

Ab etwa 15 Monaten ist das Kind in der Phase der Ausbildung des subjektiven Verhältnisses zur Umwelt, erkennt sich selbst im Spiegel und ist in der Lage, auch die Katze zu erkennen sowie mit einfachen Namen zu benennen.

Die Trotzphase

Bis zum 18. Monat entwickelt das Kind einen eigenen Willen und lehnt sich gegen seine Bezugspersonen auf. Wenn Sie zuvor glaubten, dass das Leben mit einem Säugling anstrengend ist, so werden Sie nun feststellen können, dass Sie je nach Willensausprägung Ihres Kind und Temperament noch mehr als zuvor gefordert werden.

Von Vorteil im Umgang mit Haustieren ist, dass das Kind nun Unterschiede zwischen leblosen Gegenständen und zwei- wie vierbeinigen Familienmitgliedern wahrnimmt. In dieser Phase kann das Kind langsam lernen, was es bedeutet, wenn es einem Lebewesen Schmerz zufügt und selbst Schmerz durch andere erfährt.

IV. Wenn Ihr Kind sich eine Katze wünscht

Den Wunsch nach einer Katze prüfen

Vielleicht hatten Sie selbst in Ihrer Kindheit Kontakte mit Katzen oder durften sogar eine Ihr Eigen nennen. Sicherlich können Sie sich noch daran erinnern, wie wichtig Ihre Katze für Sie war und wie gern Sie sie hatten. Oder Sie haben als Kind immer eine Katze gewollt, den Wunsch von Ihren Eltern nicht erfüllt bekommen und brennend die Kinder beneidet, die eine Katze als Gefährtin hatten. Nun haben Sie, bedingt durch Ihre eigene Geschichte, den Wunsch und sicherlich auch die Zeit sowie die räumlichen wie finanziellen Möglichkeiten zur optimalen Katzenhaltung geschaffen, Verständnis für das Bedürfnis Ihres Kindes nach einem eigenen Heimtier und verspüren selbst Lust darauf, es sich mit einer Katze auf dem Sofa gemütlich zu machen.

Gegebenenfalls treffen zuvor genannte Aspekte auf Sie aber überhaupt nicht zu. Sie haben sich mit dem Gedanken, mit einer Katze Ihr Leben zu teilen, zuvor nie auseinander gesetzt und nun hat Ihr Kind sein Herz für Samtpfoten entdeckt und liegt Ihnen mit dem Wunsch nach einer eigenen Katze ständig in den Ohren. Es sammelt Zeitschriften sowie Bücher über Katzen und tapeziert die Wände des Kinderzimmers mit niedlichen Katzenpostern. Es vergeht kein Tag, wo Sie nicht zu hören bekommen: »Warum darf ich denn keine Katze haben? Ich möchte doch so gerne eine Katze. Alle haben eine Katze, nur ich nicht!« Ihre vermutlich immer ungeduldigeren Begründungen gegen den Kauf oder die Adoption einer Mieze ließen Ihr Kind völlig kalt und motivierten es höchstens zu zahlreichen Gegenargumenten. Wenn Sie das Wort Katze wirklich nicht mehr hören können, aber nicht der Buhmann für Ihr Kind sein wollen, dem später – wenn das Kind erwachsen ist – vorgeworfen wird, wirklich nie Verständnis für seine Wünsche gehabt zu haben, dann ist es richtig, wenn Sie sich mit diesem Thema sachlich auseinandersetzen und sich entsprechend informieren. Entweder kommen Sie dann zu dem Ergebnis,

Ob auf dem Arm oder auf dem Schoß: Laura und Pikatschu verstehen sich bestens. Foto: Jansen-Nöllenburg

dass es mit einer Katze auch für Sie selbst doch ganz nett wäre oder Sie entscheiden sich aus vernünftigen Gründen nach Abwägung aller Möglichkeiten gegen die Bitte Ihres Kindes.

Gegebenenfalls gehören Sie zu den Katzenfreunden, die sich eine Katze wünschen und irgendwann auch Kinder haben möchten. Sie werden sich dann mit dem Gedanken auseinandersetzen, ob und wie Ihre Katze mit einem Kind zurechtkommen wird und sich überlegen, ob Katzenhaltung und das Leben mit einem Kind sich vereinbaren lassen.

Tipp **Prüfen Sie generell zur Entscheidung pro und contra Katze gemeinsam Ihre Möglichkeiten.**

Zeitliche Möglichkeiten

Kinder fordern in jeder Entwicklungsstufe auf unterschiedliche Art die Zuwendung und Aufmerksamkeit ihrer Eltern. Auch die Katze braucht Liebe, Spiel, Pflege und eine optimale Versorgung, damit sie sich zum freudebringenden Familienmitglied entwickeln kann. Bestimmte Rassekatzen benötigen zudem tägliche Fellpflege. Überlegen Sie gut, ob es Ihnen möglich ist, alle anfallenden Aufgaben, Freizeitvergnügen und gegebenenfalls auch berufliche Verpflichtungen unter einen Hut zu bekommen. Eine Katze wird Sie bis zu circa 16 Jahre begleiten. Das ist eine lange Zeit, in der Sie neben den zahlreichen sich stetig verändernden Anforderungen noch den Bedürfnissen eines Heimtieres gerecht werden müssen.

Finanzielle Aspekte

Kinder haben viele Wünsche und Eltern bemühen sich, diese im Rahmen ihrer Möglichkeiten zu erfüllen. Wer Kinder hat, weiß wie teuer das Leben mit ihnen ist. Über die üblichen Anschaffungen hinaus können Kosten wie Kindergartengebühren, Klassenfahrten, Schulbücher usw. ein Loch in die Geldbörse reißen. Überlegen Sie bitte, ob die optimale Versorgung (auch zum Beispiel gegebenenfalls notwendige Operationen) einer Katze in Ihr Budget passt.

Räumliche Voraussetzungen

In einem Kinderhaushalt geht es in der Regel immer etwas lebhaft zu. Katzen, die mit Kindern zusammenleben, brauchen daher eher als zum Beispiel Singlekatzen Rückzugsmöglichkeiten. Können Sie

Wenn die Katze Freigang hat, drohen ihr immer viele Gefahren. Bevor sie der Katze den Gang in die Natur gestatten, sollten Eltern sorgfältig prüfen, ob dieser sinnvoll ist. Wie wird das Kind reagieren, wenn die geliebte Katze nicht mehr nach Hause kommt? Das gilt es zu überdenken. Foto: Jansen-Nöllenburg

diese Ihrer Katze, zum Beispiel durch höher gelegene Ruheplätze auf Schränken und großen Kratzbäumen, bieten?

Können, wenn nötig, die Schlafräume und das Kinderzimmer geschlossen werden oder bietet Ihre Wohnung der Katze dann zu wenig Bewegungsmöglichkeiten? Haben Sie, wenn Sie einen Wickeltisch im Bad aufgestellt haben, noch Platz für eine oder mehrere Katzentoiletten? Gibt es Möglichkeiten, die Katzentoilette dort aufzustellen, wo ein kleines Kind keinen Zugang hat?

Emotionale und nervliche Belastbarkeit

So viel Freude uns unsere Kleinen auch machen, manchmal kosten sie uns ganz schön Nerven. Wie glau-

Die Alternative zum Freilauf: Im gesicherten Auslauf wie diesem Freigehege können Kinder und Katzen ohne Gefahren miteinander spielen. Foto: Jansen-Nöllenburg

ben Sie, werden Sie reagieren, wenn an solchen Tagen – an denen Sie sowieso schon gestresst sind und vielleicht sogar noch etliche Termine wahrzunehmen haben wie einen Elternsprechtag, einen Bastelnachmittag im Kindergarten oder ein Fußballturnier (vielleicht möglichst alles gleichzeitig) – die Katze zum Beispiel, weil sie in ihrer Sturm-und-Drang-Zeit gleich einem Kleinkind alles entdecken möchte, einen Haufen Unsinn macht oder sie krank geworden ist und Ihre kontinuierliche Pflege braucht?

Katze und Säugling oder Kleinkind sollten, zur Gefahren- und Konfliktvermeidung, niemals ohne Beobachtung und Kontrolle Ihrerseits zusammensein. Trotzdem darf die Katze nicht ständig weggesperrt werden (Tipps dazu später). Sind Sie den Belastungen gewachsen? Letztendlich wachsen die meisten Eltern mit der Aufgabe. Sollten Sie über die nötige Gelassenheit verfügen, so werden Sie irgendwann sicherlich zu einem echten Organisationstalent werden und jeder wird Ihnen gratulieren. Wenn Sie Ihre Katzen wirklich lieben, wird vermutlich gerade diese durch gemeinsame, entspannende Schmusestündchen dazu beitragen, dass Sie zahlreiche Dinge wie mit links erledigen werden.

Motivation

Überlegen Sie, warum Sie wirklich eine Katze wünschen. Nur weil Sie oder Ihre Kinder bei Freunden Spaß im Spiel, Freude beim Streicheln und in der Beobachtung deren Katze erlebten oder im Urlaub eine Samtpfote versorgten, müssen Sie im täglichen Leben mit dem Tier nicht unbedingt das Gleiche empfinden. Wünschen Sie sich die Katze als echtes Familienmitglied oder empfinden Sie sie letztendlich doch nur als Spielzeug?

Allergien

Leider nehmen allergische Erkrankungen in den letzten Jahren auch bei Kindern immer mehr zu. Lassen Sie vor der Anschaffung einer Katze überprüfen, ob keiner in Ihrer Familie allergisch auf Katzen reagiert. Hat man sich erst an ein Tier gewöhnt, fällt die Trennung aus gesundheitlichen Gründen besonders schwer und ist Kindern nicht leicht begreiflich zu machen.

Mietvertrag

Nicht alle Vermieter sind katzenfreundlich eingestellt. Schauen Sie sich Ihren Mietvertrag an und lesen Sie nach, ob eine Tierhaltung gestattet oder verboten ist. Gegen Katzen, die nur in der Wohnung gehalten werden, haben die meisten Vermieter nichts einzuwenden.

Lassen Sie sich Zusagen Ihres Vermieters auf jeden Fall schriftlich geben, um spätere Auseinandersetzungen zu vermeiden.

Buchtipp
Mehr zu dem Thema und der Beantwortung der Fragen, ob Sie grundsätzlich die optimalen Voraussetzungen als Katzenhalter erfüllen und ein echter Katzenmensch sind, finden Sie in dieser Reihe im Ratgeber **»Wir wollen eine Katze«**.

Warum der Familienrat wichtig ist

Egal in welchem Alter Ihr Kind ist, es kann letztendlich nicht selbst

Ein Geschwisterpärchen lebt sich nicht selten leichter in einen Familienverband ein, als eine Einzelkatze – unter dem Motto »Gemeinsam sind wir stark«.
Foto: Jansen-Nöllenburg

Tipp **Können Sie sich noch daran erinnern, dass Ihre Eltern Sie, ohne es böse zu meinen, früher hin und wieder vor vollendete Tatsachen gestellt haben? Die Welt der Erwachsenen war Ihnen in solchen Momenten sicherlich fremd.**
Denken Sie daher bitte daran, dass wir Erwachsenen oftmals viele Dinge im Kopf durchspielen und vergessen, einem Kind die einzelnen Wege des »Wie und Warum« wir zu einem Entschluss gelangt sind zu erklären. Das Kind kann dann unsere Entscheidung nicht nachvollziehen und sich übergangen fühlen. Beantworten Sie die Fragen Ihres Kindes geduldig und vermeiden Sie Gespräche zwischen »Tür und Angel« über ein so wichtiges Thema wie die Anschaffung eines weiteren Familienmitgliedes.

entscheiden, ob eine Katze wirklich gut mit Ihnen zusammenleben kann oder nicht. Wenn Sie nach Prüfung der Möglichkeiten gemeinsam zu der Entscheidung gekommen sind, dass Sie einer Katze ein gutes Zuhause bieten können, sollten Sie überlegen, ob Sie ein Hauskätzchen wünschen oder eine Rassekatze kaufen wollen. Lesen Sie zusammen entsprechende Literatur, besuchen Sie Katzenausstellungen, Züchter oder Tierheime. Kurz, informieren Sie sich gut, bevor Sie eine Entscheidung treffen und binden Sie Ihr Kind in Überlegungen mit ein.

Weshalb Katzen kein Überraschungsgeschenk sein sollten

Ein Kind, das sich eine Katze wünscht, hat gegebenenfalls durch verschiedene Erlebnisse, durch Bücher oder Filme ein klares Bild von seiner Traumkatze entwickelt. Wenn Sie Ihrem Kind eine Katze schenken, die überhaupt nicht seinen Vorstellungen entspricht, so kann das zu einer großen Enttäuschung führen. Vermutlich wird das Kind die Katze nicht direkt ablehnen, weil es froh darüber ist, überhaupt eine Katze zu bekommen, aber sich unter Umständen mit der Adoption oder dem Kauf nicht identifizieren können.
Außerdem sollte das Kind nachvollziehen können, dass ein Tier

Ein ganzes Haus voller großer und kleiner Katzen ist der Traum vieler Kinder. Wenn die Voraussetzungen stimmen, wirkt sich das Zusammenleben günstig auf die kindliche Entwicklung aus. Foto: Jansen-Nöllenburg

nicht wie ein Spielzeug so einfach auf den Gabentisch gelegt wird. Daher sollte es in alle Erwägungen mit einbezogen werden, beim Züchter- oder Tierheimbesuch dabei sein dürfen, gemeinsam mit Ihnen die Grundausstattung kaufen und die Katze auch mit abholen dürfen.

Es rät sich, im Vorfeld dem Kind zu verdeutlichen, dass, selbst wenn die Katze ihm geschenkt wird, die Entscheidung für oder gegen ein Tier **gemeinsam** und nicht vom Kind alleine gefällt wird, da es sich eben um ein Familienmitglied handelt, das zur Familie passen muss.

Da kleinere Kinder, auch wenn sie von ihren Eltern gut vorbereitet wurden, bei längeren Gesprächen beim Züchter oft schnell ungeduldig werden, sollte ein Besuch nicht zu lange dauern. Wichtiges kann darüber hinaus ohne Kind besprochen werden.

Besonders Tierheimbesuche sind mit tierlieben Kindern angesichts der vielen armen Katzen und Hunde, die auf ein neues Zuhause warten, nicht ganz einfach durchzuführen. Sie selbst kennen Ihr Kind am besten. Wägen Sie sorgfältig ab, was Sie ihm zumuten können.

Warum das Taschengeld des Kindes nicht für die Katz(e) sein soll

Das Taschengeld der meisten Kinder staffelt sich in der Höhe nach ihrem Alter. Ob das Kind jetzt viel Taschengeld oder weniger im Vergleich mit seinen Freunden erhält: Es ist nicht ratsam, ihm die ganze finanzielle Versorgung der Katze aufzulasten. Schnell wird das Wunschtier dann als Bürde gesehen. Kinder ändern ihre Vorstellungen und Wünsche stetig. Wenn Ihr Kind Ihnen heute verspricht, vom Taschengeld sämtliches Futter zu kaufen, wird es schnell in die Situation kommen, dass es sich andere kleine Träume nicht mehr erfüllen kann. Besser ist es, wenn das Kind hin und wieder freiwillig etwas von seinem Taschengeld abgibt und seiner Katze Dinge kauft, wie zum Beispiel ein Spielmäuschen, für die Sie kein Geld ausgeben möchten.

Das Kind kann nicht die alleinige Verantwortung für die Katze tragen

Als unser Sohn etwa zehn Jahre alt war, überredete er mich, ein Jungtier aus unserer Zucht zu behalten. Er bot mir an, mehrfach die Woche die Katzentoiletten – sechs Stück – zu reinigen, um mich zu entlasten. Da ich eigentlich diese Katze selbst ganz gerne behalten wollte, ließ ich mich auf dieses Experiment ein. Es dauerte nicht lange, da vergaß er sein Versprechen. Ich hatte es nicht anders erwartet. Vielleicht sind Sie jetzt der Ansicht, dass ich auf die Einhaltung seiner Zusage hätte bestehen müssen, weil es sich um ein Versprechen und dabei nur um eine Teilaufgabe handelte. Das ist Einstellungssache. Da Familienstrukturen ganz unterschiedlich sind, müssen sich Eltern überlegen, was das Beste für alle ist.

Ich bin der Ansicht, dass Kinder in jedem Alter mit der alleinigen Pflege und Versorgung einer Katze überfordert sind. Es gibt so viele Dinge, für die sie sich immer wieder neu interessieren und gleichzeitig haben sie neben dem häuslichen Bereich z.B. in der Schule Verantwortung für ihre eigene Arbeit zu tragen. Wenn die Katze ein Familienmitglied ist, so sollten bestenfalls alle in der Familie diesbezüglich

Dieses 7-jährige Mädchen ist ein echter Katzenfan. Sie hat von klein auf gelernt, wie man eine Katze richtig trägt. Foto: Jansen-Nöllenburg

kleine Aufgaben erledigen. Die Liebe zu einem Haustier sollte jedoch nicht von einer Verantwortung überschattet werden, die dem Kind zur Last wird.

Buchtipp
Welche Aufgaben auf Katzenhalter zukommen, erfahren Sie im Ratgeber dieser Reihe **»Unsere Katze zieht ein«**.

Tipp **Wenn Ihr Kind Ihnen verspricht, alles, wirklich alles für die Katze zu tun, so können Sie gemeinsam eine Liste der notwendigen Aufgaben inklusive Zeitplan erstellen. Vergleichen Sie gemeinsam den Tagesablauf des Kindes. Überlegen Sie, wie viel Zeit übrig bleibt, wenn Sie die Stunden für den Schulbesuch, die Erledigung der Hausaufgaben, das Üben für Klassenarbeiten, das Lernen eines Instrumentes, das Spielen im Sportverein und mit Freunden usw. abziehen.**

Wie eine Kinderkatze sein sollte

Kinder sind meist lebhaft, laut und äußerst bewegungsaktiv. Eine Katze, die sich in einen Haushalt mit einem Kind oder mehreren Kindern einfügen soll, muss, wenn die Familie nicht über ausreichend Erfahrung auch in der Haltung schwieriger Katzen verfügt, bestimmte Wesensmerkmale aufweisen, die die Eingliederung und das Zusammenleben erleichtern.

So sollte die Katze vom Grundtyp her sein:

- charakterfest
- nicht ängstlich
- nicht aggressiv
- nicht scheu
- zutraulich
- neugierig
- verspielt
- vertrauensvoll
- anhänglich

Wie eine junge Katze sich über ihre grundsätzlichen Wesenseigenschaften weiterentwickelt, liegt letztendlich in Ihrer Hand!

Kleine Katzen, die nicht schon negative Erfahrungen im Umgang mit Menschen sammeln mussten, eignen sich in der Regel sehr gut für das Zusammenleben mit Kindern. Wenn Sie eine Katze vom Züchter kaufen möchten, so ist es ratsam, einen Züchterhaushalt zu besuchen, in dem Kinder leben oder bei dem die Jungtiere Kontakt mit Kindern aus dem Verwandten- und Bekanntenkreis oder der Nachbarschaft haben. Wenn Sie Ihre Kinder mit zum Besichtigungstermin nehmen, können Sie beobachten, wie die erwachsenen Katzen und die Jungtiere sich benehmen. Erklären Sie Ihren Kindern aber zuvor, dass sie sich zunächst ruhig und abwartend verhalten sollen,

Diese kleine Norwegische Waldkatze in Glücksfarben stammt aus einem lebhaften Kinderhaushalt und wird sich in eine Familie mit Kindern schnell einleben. Foto: Jansen-Nöllenburg

weil die Tiere sich erst einmal an sie gewöhnen müssen.

Katzen aus dem Tierheim haben meist ihre eigene Geschichte, die nicht immer schön und häufig den Mitarbeitern im Tierheim unbekannt ist. Sollten Sie einer solchen Katze ein neues Heim bieten, müssen Sie sich darüber im Klaren sein, dass es eine Weile dauern kann, bis das Tier eine Vertrauensbasis zu Ihnen aufbaut. Durchdenken Sie, ob auch ein schwieriges Tier in Ihre Familie passt und ob auch alle Familienmitglieder die Geduld und das Verständnis aufbringen, die ein solches Tier womöglich braucht. Eine derartige Entscheidung ist sicherlich auch stark abhängig vom Alter Ihrer Kinder. Erst ab etwa sechs Jahren wird ein Kind sich unter Umständen damit abfinden können, dass es trotz aller Bemühungen nicht schon nach kurzer Zeit Zugang zur Katze bekommt. Enttäuschungen führen dann oft dazu, dass solche Tiere immer wieder im Tierheim landen, bis sie eines Tages überhaupt nicht mehr vermittelbar sind.

Manchmal geht es eben nicht

Nicht immer jedoch kann ich Eltern zur Anschaffung einer Katze raten. Kinder sind wie wir Erwachsenen auch ganz unterschiedlich, was ihre Charaktereigenschaften angeht, und somit einmal leichter, ein anderes Mal schwerer zu erziehen. Die meisten Schwierigkeiten, die die lieben Kleinen uns Eltern in unterschiedlichen Phasen bereiten, sind mit Geduld, Geschick und Konsequenz in der Regel zu beheben (s. Literatur »Kinder fordern uns heraus«). Sollten Sie sich gerade in einer Periode mit Ihrem Kind befinden, in der Sie nur schwer Zugang zu ihm finden, es Ihre Gebote und Verbote nicht bereit ist zu akzeptieren, so rate ich Ihnen, zunächst dieses Problem zu lösen.

Vor einigen Tagen bekam ich Besuch von einer sehr netten Dame und ihrem achtjährigen Sohn. Sie interessierten sich für den Kauf eines unserer Jungtiere. Die beiden waren mir grundsätzlich sympathisch, dennoch störte es mich sehr, dass ich den Jungen immer wieder im Umgang mit den Katzen reglementieren musste und die Mutter auf ihn kaum einwirkte. Als sie mich einen Tag nach ihrem Besuch anrief und mir mitteilte, dass es ihr bei uns sehr gut gefallen hätte und sie sich für den Kauf eines Kätzchens entschieden habe, stand ich vor der schwierigen Aufgabe, ihr zu erklären, dass meines Erachtens zum jetzigen Zeitpunkt die Adoption einer zwölf Wochen alten Katze für die Familie falsch wäre. Ich riet ihr, mit einer Anschaffung noch zu warten oder sich für ein älteres Jungtier zu entscheiden.
Da ich selber erfahren musste, wie unangenehm es für eine Mutter ist, kritische Bemerkungen über das eigene Kind zu erhalten, tat mit das Ganze sehr Leid.

Ehrlichkeit kann in solchen Fällen aber nur hilfreich sein. Schuldgefühle oder Ärger sind hier fehl am Platz. Es ist sinnvoll, sich als Eltern bei einer Beanstandung über das Verhalten des Kindes gewissenhaft zu fragen, ob der, der den Finger in

Wenn das Kätzchen im Bett des Kindes einschläft, so dient das Schnurren der Entspannung und kann eine hervorragende Einschlafhilfe sein. Foto: Göcke

die Wunde legt, nicht gegebenenfalls in gewisser Weise Recht hat.

Es ist für einen Außenstehenden wie einen Züchter immer sehr schwer zu beurteilen, ob man mit einer Entscheidung gegen den Verkauf einer Familie nicht Unrecht getan hat. Sich nur auf seinen

Bauch zu verlassen, wird nicht immer ausreichend sein. Züchter, die ihre Katzenkinder lieben, befinden sich wie im zuvor geschilderten Fall in einer schwierigen Lage.
Ganz wichtig für Eltern ist, zu überprüfen, ob sie gewillt sind, gegebenenfalls auch ihren Erziehungsstil zu ändern. Eine Verhaltensänderung beim Kind ist allerdings niemals von heute auf morgen zu erreichen, aber gewisse Verhaltensweisen des Kindes, die einer harmonischen Beziehung zur Katze im Wege stehen würden, lösen sich manchmal im Laufe der Entwicklung wie von selbst auf.
Das lenkende Einwirken der Eltern auf das Benehmen des Kindes halte ich für besonders wichtig.
Ich habe ein Jahr zuvor einer Mutter mit einem hyperaktiven dreijährigen Kind gerne eine Katze verkauft, weil die Mutter im Umgang mit ihrem Kind und den Katzen einen sehr positiven Eindruck auf mich machte. Das Mädchen ist, wie sie mir nach einer Weile berichtete, durch den Umgang mit der Katze ruhiger geworden und kann abends besser einschlafen. In der Eingewöhnungszeit hat sie die beiden nie aus den Augen gelassen, um Probleme zu vermeiden.

Tipp

Sollten Sie selber unsicher sein, ob Ihr Kind in einer bestimmten Altersphase unter Ihrer Anleitung in der Lage ist, wirklich optimal mit einer Katze umzugehen, lassen Sie sich von einem ehrlichen Züchter, der am besten selber Kinder hat, beraten. Katzen mit negativer Vorgeschichte sind selten als Freunde für schwierige Kinder geeignet.
Das Ergebnis von Fehlbehandlungen der Katze sind häufig Protestreaktionen wie Unsauberkeit, Scheu oder Aggressivität. Dies gilt es zu vermeiden.

V. Der Alltag mit Katze und Kind

Im dritten Lebensjahr wird das Kind in seinen Bewegungen geschickter. Es ist in der Lage, der Katze – auch wenn diese sich schnell bewegt und höher gelegene Plätze erklimmt – in gewissem Maße zu folgen. Ein Kleinkind in diesem Alter experimentiert mit seinen Möglichkeiten, stellt einen Stuhl an einen Schrank und klettert darauf, um an Dinge zu gelangen, die es zuvor nicht erreichen konnte. Zu dieser Zeit kann es lernen zu akzeptieren, dass die Katze Ruhe braucht und kein Spielzeug ist.
Ab etwa einem Alter von drei Jahren kann das Kind auch begreifen lernen, dass seine Wünsche nicht immer sofort erfüllt werden.

Unserem Sohn fiel es als Einzelkind nicht leicht zu respektieren, dass ich nicht immer sofort auf seine Wünsche eingehen wollte. In Situationen wie Katzengeburten – Stunden, in denen eine Katze, die in enger Bindung mit ihrer Menschenfamilie lebt, die komplette Aufmerksamkeit ihres Zweibeiners benötigt – hatte er die Chance, unter Beweis zu stellen, dass er auch zurechtkam, wenn er über Stunden nicht mit meiner Aufmerksamkeit rechnen konnte.

Kinder sollten diesbezüglich jedoch keinesfalls überfordert werden. Eher entwickeln sich positive Eigenschaften aus dem Alltag und dem Zusammenleben mit der Katze durch vorbildliches Elternverhalten und behutsame Regulierung bei Fehlern des Kindes sowie vernünftige Anleitung fast automatisch.

Das Kleinkind in die Versorgung der Katze mit einbeziehen

Hilfreich ist es, ein Kind ab etwa drei Jahren spielerisch mit in die Versorgung der Katze einzubeziehen. Diesbezüglich gibt es verschiedene Möglichkeiten, die dem Kind Spaß machen können.
So darf es z.B. für die Katze selbst ein Futter kaufen, von dem es glaubt, dass es die Katze besonders gerne mag. Meistens suchen Kinder sich besonders bunt verpackte Nah-

Kleine Kinder, junge Katzen, lebhafte Hunde ... bei Familie Jäger ist immer etwas los.
Foto: Jansen-Nöllenburg

rung aus. Hat Ihre Katze keinen empfindlichen Magen, können Sie Ihr Kind frei das auswählen lassen, was es kaufen möchte. Dann macht es den meisten Kindern auch viel Freude, die Katze mit zuvor abgezählten Leckerchen (damit es nicht zu viele werden) wie Katzentabs, die z.B. in ein schönes farbiges Döschen gefüllt werden, zu füttern. Auch bei der einfachen Fellpflege, dem Bürsten von knotenlosem Fell, können Sie sich von Ihrem Kind helfen lassen, wenn Ihre Katze das Kämmen generell genießt.

Kleinkinder haben oft besonders viel Freude daran, im Haushalt mitzuhelfen. Lassen Sie Ihr Kind zum Beispiel die Näpfe sauber machen und zur nächsten Fütterung bereitstellen. Zur Fütterung können Sie Ihrem Kind dann die geöffnete Dose geben und ihm helfen, die Nahrung auf die Teller zu verteilen. Erklären Sie ihm, warum Sie zum Beispiel nicht eine ganze Dose in den Napf gefüllt haben möchten oder warum Sie ein bestimmtes Futter bevorzugen. Das Kind wird so in den Tagesablauf mit einbezogen und wird stolz auf seine Leistung sein, wenn Sie es entsprechend loben.

Da sich die Kleinen noch nicht selbst für die Haltung eines Tieres entschieden haben und vom Alter her nicht in der Lage sind, eigenverantwortlich für ein Tier zu sorgen, bin ich dagegen, wenn man sie dazu zwingt, hier Aufgaben zu übernehmen. Der Umgang mit dem Tier, seine Pflege und Versorgung sollte den Kindern Spaß machen. Lediglich die *Bereitschaft*, sich um das Tier zu kümmern, sollte gefördert werden. Erfolgen solche Maßnahmen bei kleinen Kindern mit Zwang, wird ihnen schnell die Lust und der Stolz an der eigenen Leistung genommen.

Der spielerische Umgang mit solchen Dingen steigert jedoch das Selbstbewusstsein. Und das wünschen wir uns doch alle: selbstbewusste Kinder, die fröhlich durchs Leben gehen. Das Leben mit Tieren kann dazu beitragen.

Erklären Sie dem Kind die Gefühle der Katze

Ungefähr mit vier Jahren lieben Kinder es, im Spiel mit Ihnen, mit Freunden und im Kindergarten in verschiedene Rollen zu schlüpfen. »Vater, Mutter, Kind, Katze« ist ein hervorragendes Rollenspiel, um wenn nötig Gefühle und Bedürfnisse der Katze zu erklären, zu vermitteln und das Kind nachempfinden zu lassen. Sie können dem Kind die Möglichkeit geben, sich als Katze zu verkleiden und von

Die Katze ist eine Spielgefährtin, aber kein Spielzeug. Das können Kinder z.B. durch Rollenspiele schnell verstehen lernen. Foto: Jansen-Nöllenburg

Ihnen, wenn Sie das Kind spielen, streicheln und versorgen zu lassen. Ein anderes Mal sollten dann Sie den Part der Katze übernehmen und dem Kind mitteilen, was Sie sich wünschen. Auf diesem Wege ist es möglich, Verständnis und Mitgefühl zu wecken. Das Kind lernt so auch, dass die Katze Schmerzen empfinden kann.

Gerade Kinder in der Trotzphase versuchen, ihre Grenzen auszutesten. Zunächst erproben sie im Umgang mit Eltern, Großeltern und anderen Bezugspersonen, wie Erziehern im Kindergarten, wie weit sie gehen und ihren Willen, Wünsche und Bedürfnisse durchsetzen können. Schnell müssen sie feststellen, dass die Großen mehr »Macht« haben als sie selbst und dass sie nicht all das tun können, was sie wollen. Das Akzeptieren von Grenzen ist nicht einfach und

Wenn die Mutter oder auch der Vater vorleben, wie man eine Katze richtig hält, lernen das Kinder schnell. Foto: Jansen-Nöllenburg

Kinder in dieser Altersphase sind nicht selten wütend angesichts der Ohnmacht, die sie gegenüber der bestimmenden Erwachsenenwelt empfinden. Zu dieser Zeit ist es, insbesondere dann, wenn ein Kind zu häufig und zu stark reglementiert wird und keine Erfolgserlebnisse in Auseinandersetzungen erlebt, möglich, dass es sich einen »Gegner« sucht, von dem es eigentlich weiß, dass dieser schwächer ist. Sollte die Katze das Opfer sein, so ist es zunächst ratsam, regulierend einzugreifen. Wenn Reden nichts nützt, wird der beste Erfolg dann erzielt, wenn sich das Opfer selbst wehrt. Wird die Katze vom Kind unangenehm bedrängt, zeigt sie dem Kind durch Kratzen, dass sie ein solches Verhalten nicht wünscht – das Kind wird schnell vom Tier ablassen. Gleichzeitig lernt es, wie unangenehm es ist, Schmerz zugefügt zu bekommen. Selbstverständlich sollte das Kind hierbei – ohne es zu merken – unter Beobachtung stehen, damit die Freundschaft zwischen Kind und Katze keinen Schaden nimmt und keiner von beiden ernsthaft verletzt wird. Bei scheuen oder absolut leidensfähigen Katzen, die sich nicht wehren können und sich eher verkriechen, können Sie in einer solchen Situation die Pfote der Katze nehmen, über die Hand des Kindes streicheln und – ohne dass das Kind merkt, dass Sie der Verursacher sind – das Kind selbst kratzen. Anschließend erklären Sie ihrem Sprössling, warum sich die Katze gewehrt hat.

Eine meiner Bekannten beklagte, dass ihre Tochter im Alter von fast drei Jahren ständig versuchte, ihre Katze an einem Büschel Haaren hoch auf den Arm zu ziehen. Sie berichtete, dass sie selbst daraufhin das Mädchen am Haar gepackt hätte, ohne dass dies zu einer Veränderung der Situation beigetragen hätte. Leider wehrte sich die Katze nicht, sondern litt still vor sich hin und zog sich immer mehr zurück, sobald das Kind in der Nähe war. Ich schlug meiner Bekannten vor, ihre Tochter unter unserer gemeinsamen Aufsicht bei mir daheim eigene Erfahrungen machen zu lassen, weil ich wusste, dass sich unser Kater Camillo eine derartige Behandlung keinesfalls gefallen lassen würde. Wie ich es voraus geahnt hatte, benahm sich die Kleine wie daheim und versuchte, unseren Kater trotz meines Verbotes am Fell hochzuziehen. Camillo kratzte die Kleine an der Hand. Als sie aufhörte zu weinen, erklärten wir ihr, dass sie Camillo weh getan und er sich lediglich gewehrt hätte. Von dem Tag an erkannte das Kind, dass auf

Tipp

Eine solche Maßnahme muss selbstverständlich zum Schutz von Kind und Katze äußerst kontrolliert vollzogen werden, kann dann aber sehr hilfreich sein.
Wenn kleine Kinder Tiere quälen, so geschieht das meist nicht mit der Absicht, dem Tier Schmerz zuzufügen. Dennoch muss das Kind lernen, dass ein solches Verhalten nicht akzeptiert wird. Nur so kann es letztendlich zu der von Psychologen beschriebenen harmonischen Beziehung kommen, die wohltuend und hilfreich für die Entwicklung des Kindes, Ausprägung seiner sozialen Kompetenzen, Kommunikationsbereitschaft und Fantasiefähigkeit ist, wie Eltern es sich wünschen.

Auch Katzen können kleine Quälgeister sein. Pascal nimmt's gelassen, auch wenn er beim Lesen dauernd gestört wird. Foto: Jansen-Nöllenburg

Manchmal herzen Kinder ihre Samtpfote zu heftig, weil sie ihre Kräfte noch nicht einschätzen können. Hier ist Vorsicht geboten. Foto: Jansen-Nöllenburg

ihr Fehlverhalten eine Konsequenz folgen könnte und quälte nie mehr ihre Katze.

Katzen reagieren auf kindliche Quälgeister langfristig selten mit massiver Aggressivität, sondern eher mit Rückzug und Verhaltensstörungen wie Apathie, Angst, Schreckhaftigkeit, Unsauberkeit und Ähnlichem. Ein solches Benehmen ist jedoch als Hilfeschrei des Tieres zu werten. Die Katze versucht Signale zu geben, die leider häufig von der Familie nicht wahrgenommen werden. Die vermeintlich »böse« Katze wird dann, entwickelt sich das Leben mit ihr zu strapaziös, ins Tierheim abgeschoben. Hat ein Kind definitiv verstanden, dass die Katze ebenso wie es selbst Trauer, Schmerz

und Freude empfinden kann, entstehen solche Probleme höchstens kurzfristig und sind schnell zu beheben.
Wenn Ihr Kind nicht zu lebhaft ist, können Sie es auch mit zum Tierarzt nehmen, wenn beispielsweise ein Impftermin ansteht. Die wenigsten Katzen reagieren bei solchen Terminen gelassen. Das Kind kann dann die Katze mit freundlichen Worten beruhigen und trösten. Es lernt dadurch auch zu verstehen, dass die Katze negative Gefühle wie Angst empfinden kann und wird stolz sein, die Katze zu einem gewissen Maß beruhigen zu können. Wie viel Sie Ihrem Kind im Übrigen diesbezüglich zumuten können, ist sicherlich abhängig vom Wesen und vom Entwicklungsstand Ihres Kindes. Kinder sollten keinesfalls überfordert werden. Das Kind sollte mit der Katze fühlen, meines Erachtens aber nicht mit ihr leiden. Auch die besondere Fürsorge und die Ruhe, die eine kranke Katze benötigt, kann das Kind nachvollziehen, wenn es richtig angeleitet wurde. So lernt es, dass nicht nur es selbst kontinuierlich Aufmerksamkeit benötigt, sondern dass diese ebenso nach Bedarf aufgeteilt werden kann.

Tipp

Die Toleranz einer Katze und ihre Bedürfnisse zum Beispiel nach Ruhe sind abhängig von ihren ersten Erfahrungen und ihrem Charakter, der zudem rassetypisch geprägt sein kann. Eine Tierheimkatze, die schon durch vorherige negative Erlebnisse belastet ist, wird auf eine kleine Nervensäge viel gestresster reagieren, als eine vom Wesen her sowieso gelassene Rassekatze aus einem lauten und lebhaften Züchterhaushalt mit Kindern. Wenn Sie die unterschiedlichen Reaktionen Ihrer Katze einzuschätzen wissen und sich in ihre Gefühlswelt hineindenken können, wird es Ihnen nicht schwer fallen, Ihrem Kind Verständnis beizubringen.

Dem Kind Respekt vor der Katze vermitteln – die »Du-Evidenz«

Als »Du-Evidenz« wird u.a. die Tatsache bezeichnet, dass zwischen Menschen und Heimtieren die Möglichkeit besteht, Beziehungen zu knüpfen, die die gleiche Qualität

Ist die Katze erst einmal erwachsen, so wie dieser prächtige Kater, kann sich über Jahre des Zusammenlebens eine innige Freundschaft zwischen Kind und Katze entwickelt haben. Foto: Jansen-Nöllenburg

aufweisen, wie die von Menschen untereinander und die von Tieren zueinander. Das auffälligste Merkmal der »Du-Evidenz« ist die Bereitschaft und der Wunsch des Menschen, seinem Tier einen Namen zu geben. Nicht wenige Katzenfreunde haben nicht nur ihren Namen sondern auch den ihrer Katze auf dem Klingelschild an der Türe vermerkt. Eine Freundschaft zum Tier aufbauen, die der mit Menschen gleichkommt oder ähnelt, was die Formen des Miteinanders angeht, kann das Kind allerdings erst ab einem gewissen Alter. Nietzsche meinte sogar: *»Bevor das Kind sich selbst kennt als ein ‚Ich', versteht es die Mutter und bald auch den Hund als ein ‚Du'.«*

Auf jeden Fall sollen Kinder, was ihre »Du-Evidenz« angeht, empfänglicher sein als Erwachsene.

Aber erst wenn das Kind ein »Ichbewusstsein« entwickelt hat und demzufolge zwischen Gegenständen und Lebewesen unterscheiden kann, ist ihm m. E. begreiflich zu machen, dass Tieren Respekt gebührt. Den Stellenwert, den ein Heimtier innerhalb einer Familie einnimmt, bestimmen die Eltern. Das, was Sie Ihrem Kind im Umgang mit dem Tier vorleben, wird letztlich zum Maßstab für Ihr Kind werden. Ein kleines Kind wird nicht verstehen können, warum es ein Mitlebewesen achten soll, wenn Sie auch nur im Spaß Ihre Katze zum Beispiel als »Mistvieh«, folglich in irgendeiner Form abwertend, bezeichnen. Respekt vor vierbeinigen Mitlebewesen ergibt sich letztendlich aus der Liebe zum Tier.

Dem Kind zu vermitteln, dass dem Tier nicht alles erlaubt ist und gegebenenfalls als Erziehungsmittel sogar Strafreize eingesetzt werden, ist jedoch nicht immer ganz einfach. Wenn Sie mit Ihrem Stubentiger schimpfen, weil er etwas Unerlaubtes getan hat, so können Sie Ihrem Kind erklären, warum eine solche Maßnahme nötig ist. Auch hier ist ein entsprechendes Rollenspiel als Hilfsmittel gut einsetzbar. Insbesondere eine junge Katze befindet sich bis zum Alter von etwa einem Jahr in einer Phase, in der sie neugierig die Welt entdecken möchte, Verbote respektieren lernen und vor eventuellen Gefahren geschützt werden muss.

Die Erziehung meiner Stubentiger war, als mein Sohn noch nicht schützend seine Hand über unsere Miezen hielt, erheblich einfacher. Ab circa vier Jahren untergrub er ständig meine Erziehungsversuche. Saß eine Katze auf dem Tisch und ich klatschte in die Hände und rief laut »Nein«, um sie so zu motivieren, vom Tisch zu springen, lief er zu der Katze hin, nahm sie auf den Arm und streichelte sie. Eine meiner Katzen lernte dadurch, dass sie nur etwas Verbotenes tun musste, um von Pascal die gewünschte Aufmerksamkeit zu erlangen.

Die Vorbildfunktion der Eltern reduziert sich jedoch nicht nur auf

Tipp **Wenn Sie Ihrem Kind zeigen, dass Sie die Bedürfnisse des Tieres nach einer guten, regelmäßig verabreichten Nahrung, einer sauberen Toilette, unterhaltsamem Spiel und Zärtlichkeiten gewissenhaft nachkommen sowie seinen Wunsch nach Ruhe respektieren, so leben Sie Ihrem Kind den richtigen Umgang mit der Katze vor. Trotz einer vorbildlichen Haltung sollte das Kind spüren, dass Sie die Katze wirklich gern haben und als Mitglied der Familie betrachten.**

ihr Verhalten im Umgang mit dem eigenen Heimtier. Auch wie Eltern über andere Tiere reden, ihre Ansichten zu tierschutzrelevanten Themen und Ähnlichem äußern, kann Kinder je nach Alter prägen.

Ich halte es diesbezüglich auch für ratsam, kleinen Kindern *nicht* zu zeigen, wie Sie z.B. Insekten töten. Sollten Sie Fliegen, Schneider, Mücken und ähnliche Insekten aus dem Haus entfernen wollen, so tun Sie dies am besten, wenn das Kind Sie dabei nicht beobachten kann oder Sie scheuchen lästiges Ungeziefer aus dem Fenster hinaus ins Freie.

Nicht nur christlich-religiöse Menschen werden Gefallen an einigen Worten in der Schöpfungsgeschichte der Bibel finden, mit denen Gott den Menschen die Aufgabe überträgt, die Verantwortung für das Leben auf dieser Erde zu übernehmen. Den Abschnitt aus dem alten Testament, in dem Gott den Menschen aufträgt, seinen Garten Eden zu hegen und zu pflegen, kann man sehr gut Kindern vorlesen und anschließend ein Gespräch über die Inhalte führen.

Warum das Essen nicht geteilt werden soll

Kleine Kinder haben viel Freude daran, Katzen zu füttern. Es wird ihnen Spaß machen, der Katze auch beim Frühstücks-, Mittags- oder Abendtisch ein Bröckchen vom eigenen Teller zukommen zu lassen. Da sowieso bei Kleinkindern öfter einmal etwas beim Essen unter den Tisch fällt, machen Katzen, die Hausmannskost lieben, es sich hier gerne gemütlich, um darauf zu warten, ob für sie etwas Leckeres abfällt. Die Kost von Kindern ist in der Regel nicht so stark

Wenn Kind und Katze gemeinsam am Tisch schlemmen, so ist das nicht jedermanns Sache. Maximilian und das junge Türkisch Angora Kätzchen haben allerdings ihren Spaß dabei. Brüderchens Brei wird großzügig geteilt. Foto: Jansen-Nöllenburg

gewürzt wie die von Erwachsenen und ist meist auch nicht besonders fett. Den Katzen kann das Essen vom Kinderteller folglich nicht schaden, sofern dies nicht die einzige Nahrung ist, die sie erhalten.

Füttert Ihr Kind seine Mieze bewusst, wenn es selbst isst, so wird die Katze zwangsläufig zum Betteln erzogen. Sie wird sich daran gewöhnen, dass sie vom Essen ihrer Zweibeiner etwas abbekommt und auch auf Futtergaben warten, wenn Sie zum Beispiel Gäste eingeladen haben. Sie sollten sich daher überlegen, ob Sie Ihrem Kind das Füttern während der eigenen Mahlzeiten gestatten wollen. Eine Katze, die ständig beim Essen bettelt, kann äußerst anstrengend werden. Sie wird gegebenenfalls auf den Tisch oder den Schoß springen, laut miauen, um die Beine streichen, Köpfchen geben und Ähnliches.

Ein weiteres Problem ist, dass die Katze, bekommt sie nicht das, was sie will, zur Diebin gemacht wird, weil sie sich zwangsläufig selbst holen wird, was sie nicht wie eingefordert erhält.

Pascal lässt zwar Camillo etwas von seinem Eis über ...

... aber sein Brot teilt er mit den Katzenkindern nicht. Fotos: Jansen-Nöllenburg

Als mein Sohn noch kleiner war, versuchte ich ihm beizubringen, dass er zwar gerne ein wenig von seinem Essen abgeben dürfe, dies aber erst nach Beendigung der Mahlzeit und nur, indem er die Reste in den Katzennapf füllte. Das Füttern während der Mahlzeiten, bei dem Essen auf den Boden geworfen wurde, habe ich verboten.

Allzu dogmatisch und streng muss man aber als Eltern nicht generell sein.

Mein Sohn teilte sich, als er noch jünger war, sein Eis mit unserem Kater und heute lässt er ihm immer einen Rest vom Eis über. Die Tochter meiner Freundin lässt sogar ihre Katze von ihrem Brot abbeißen. Auch auf Katzenausstellungen konnte ich immer wieder Züchter beobachten, die ihr Leberwurstbrot mit ihren Samtpfoten teilten.

Gegebenenfalls empfinden Eltern so etwas als unhygienisch. Sollten Sie sich davor ekeln, dass Ihr Kind ins Butterbrot beißt, danach kurz die Katze daran schleckt und dann das Kind weiter das Brot isst, so sollten Sie hier einschreiten. Mir ist allerdings von all den Familien mit gesunden Hunden und Katzen, die ich kenne und bei denen die Kinder ihre Mahlzeiten aus Spaß mit den Vierbeinern teilten, nie bekannt geworden, dass die Kinder hierdurch krank geworden wären.
(Bei Hunden sind jedoch, was das Teilen von Nahrung angeht, noch einige andere Regeln zu beachten. *(»Hund und Kind«, Rosemarie Wild, Müller Rüschlikon Verlag)*

Ganz wichtig ist in diesem Zusammenhang auch, dass die Kinder zwischen »Mein« und »Dein« unterscheiden lernen. Das Kind hat durchaus das Recht, die Katze wegzudrücken, wenn diese an sein Essen will. Gleichzeitig kann es lernen, zu respektieren, dass die Katze beim Fressen an ihrem Napf nicht gestört werden sollte.
Meiner Ansicht nach gehört die Katze grundsätzlich nicht auf den Tisch. Ein solches Verbot, konsequent eingeführt, wird die Katze respektieren. Aber auch bei solchen Dingen muss man seine eigene Toleranzgrenze prüfen. Auch wenn Sie nichts dagegen haben, dass es sich Ihre Katze vor Ihrem Teller bequem macht, sollten Sie sich dennoch fragen, wie Ihr Kind dies empfinden wird, wenn es etwas älter ist und seine Freunde und Freundinnen zu Besuch kommen.
Darf es sich die Katze generell auf dem Tisch gemütlich machen, auch wenn nicht gegessen wird, wird es nicht ausbleiben, dass sie sämtliche

Nahrung auf dem Tisch als ihre eigene betrachtet. Sie brauchen ihr dann nur kurz den Rücken zuzudrehen und schon wird sie an der Butter lecken oder mit einer Scheibe Schinken in der Schnauze das Weite suchen.

Tipp **Der Vorgang des Essens ist je nach Entwicklungsstufe ein wichtiger Lernprozess für das Kind. Das Kind sollte möglichst ohne Störung durch die Katze lernen können, Nahrung zu sich zu nehmen. Eltern von Kleinkindern wissen, wie strapaziös es sein kann, ihre lieben Kleinen zum Essen zu motivieren oder ihnen beizubringen, die Hände aus dem Essen zu lassen und stattdessen eine Gabel oder einen Löffel zu benutzen. Eine ständig bettelnde Katze wird die Aufmerksamkeit des Kindes ablenken und seine Konzentration stören. Konsequente Fütterung nur aus dem Napf und das Füttern der Katze kurz vor dem Essen, kann Betteln reduzieren oder vermeiden helfen.**

Alles unter einen Hut bringen

Nicht immer ist es insbesondere für Mütter einfach, allen gerecht zu werden. Es können sich immer wieder Momente ergeben, in denen man das Gefühl hat, dass irgendetwas auf der Strecke bleibt. Stellen wir uns nur einfach einmal folgende Situation vor. Sie haben den ganzen Tag zahlreiche Termine wahrgenommen und wollen es sich ziemlich erschöpft gerade einmal für ein paar Minuten mit der Katze auf dem Sofa gemütlich machen. Ihr Kind ist draußen zum Spielen und Sie genießen die Ruhe. Da klingelt das Telefon, Ihre Freundin ist am anderen Ende und weint bitterlich, weil sie Probleme hat, noch mitten im Gespräch läutet es an der Tür und Ihr Sprößling steht schreiend mit einem aufgeschlagenen Knie da. Nachdem Sie gerade das blutende Knie verarztet und Ihr Kind getröstet haben, erhebt sich Ihre Katze mit vorwurfsvollem Blick vom Sofa und bricht, weil sie – ohne dass Sie es in Ihrem Stress bemerkten – an dem hübschen Blumenstrauß geknabbert und ihn selbstverständlich umgeworfen hat, das Grünzeug auf den neuen Teppich. Das sind Tage, an denen man schnell das Gefühl hat, für alles und jedes zuständig zu sein. Man fühlt sich überfordert, merkt, dass man für sich selbst kaum Zeit hat und leidet zudem unter Schuldgefühlen, weil man der Ansicht ist, keinem mehr richtig gerecht zu werden.

Selbstverständlich hat ein Kind möglichst immer Vorrang, auch vor den Bedürfnissen der Katze. Es kann allerdings lernen, dass auch andere Wünsche haben, die erfüllt werden müssen. Sich als Mutter einen Freiraum zu erkämpfen und in Ruhe Ansprüche nach Wertigkeit zu sortieren, kann helfen, die Nerven auch an anstrengenden Tagen zu behalten. Wenn ein Kind frühzeitig verstehen und zu akzeptieren lernt, dass es auch mal warten muss, wird es Verständnis dafür haben, wenn Sie sich zum Beispiel

Manchmal kann es für Mütter ganz schön schwer sein, allen gerecht zu werden. Da gilt es, nur die Ruhe zu bewahren und es sich z.B. im Garten mit Kind und Katze gemütlich zu machen, um Entspannung zu finden. Foto: Jansen-Nöllenburg

für eine gewisse Zeit mehr um die kranke Katze kümmern müssen. Diese Erfahrung, abhängig vom Alter, wird ihm auch im Umgang mit anderen Menschen dienlich sein.

Als Denkanstoß gefällt mir in diesem Zusammenhang die Einstellung von Sylvia Greifenhagen, die in »Tiere als Therapie« unter anderem schreibt:

»... das Tier erhält ebenso viel Aufmerksamkeit und Zuwendung wie die anderen Familienmitglieder, oft sogar mehr. Mit einem empörten Aufschrei kommentierte die amerikanische Presse die Studie von A. O. Cian, die herausfand, dass in den meisten Haushalten mit Kindern und Tieren die Erwachsenen dem Tier mehr Aufmerksamkeit zukommen ließen als ihren Kindern. Doch ist die Tatsache bei Licht besehen wirklich schockierend? Kinder müssen selbstständig werden, Haustiere nicht. Kinder warten nicht bei allen Aktivitäten auf Impulse von ihren Eltern. Ein Hund (Anmerkung der Autorin: selbstverständlich auch eine Katze) wartet über Stunden, Tage, sein ganzes Leben lang auf das freundliche Wort, auf den Impuls für ein Spiel ... Es muss nicht wundern, wenn er (oder sie) häufiger adressiert wird als Kinder im gleichen Haushalt.«

Kinder und Hänseleien

Es wird Ihnen sicherlich unglaublich vorkommen, dass Kinder von anderen Kindern gehänselt werden, wenn sie mit einer oder mehreren Katzen zusammenleben. Auch mein Sohn musste sich dumme Sprüche darüber anhören, dass wir unser Leben mit Katzen teilen. Die Gründe dafür liegen auf der Hand: Kinder, die sich zu derartigem Tun genötigt fühlen, hegen meist den sehnlichsten Wunsch nach einem Heimtier. Ihre Eltern erfüllen diesen Wunsch jedoch nicht. Neid ist dann die Triebfeder für ihr Handeln. Erklärt man dies seinem Kind, ist es meist schnell in der Lage, verbale Angriffe dieser Art zu ignorieren. Bei kleineren »Hänselern« kann es hilfreich sein, diese anzusprechen und sie zu fragen, ob sie denn überhaupt Katzen kennen, ob sie selbst ein Haustier haben usw.

Im Dialog mit dem Kind – Anleitung zum Umgang mit der Katze

Über die mehr oder weniger theoretischen Gedanken, die Sie sich als Eltern machen werden, sowie praktischen Tipps hinaus, die ich Ihnen aufgrund meines Alltags mit Kindern und Katzen vermitteln durfte, sollten Sie Ihrem Kind noch zusätzlich konkret einige Anleitungen im Umgang mit der Katze geben. So können Sie Regeln aufstellen und Ihrem Kind zum Beispiel sagen:

Was du nicht willst, was man dir tu ...

Auch wenn dich zuvor jemand geärgert hat oder du glaubst, dass dir jemand Unrecht getan hat, so darfst du deinen Ärger nicht an der Katze auslassen. Sie kann genauso wie du traurig und ängstlich sein. Sie ist schwächer als du. Das darfst du nicht ausnutzen. Rede lieber mit ihr, wenn du wütend bist. Sie wird dir zuhören.

Wenn die Katze »böse« war

Die Katze hat dein Spielzeug kaputt gemacht. Darüber bist du verständlicherweise wütend. Die Katze aber kennt den Unterschied zwischen kaputt und ganz überhaupt nicht. Lege demnächst die Sachen, mit denen sie nicht spielen darf, so weg, dass sie nicht daran kommt

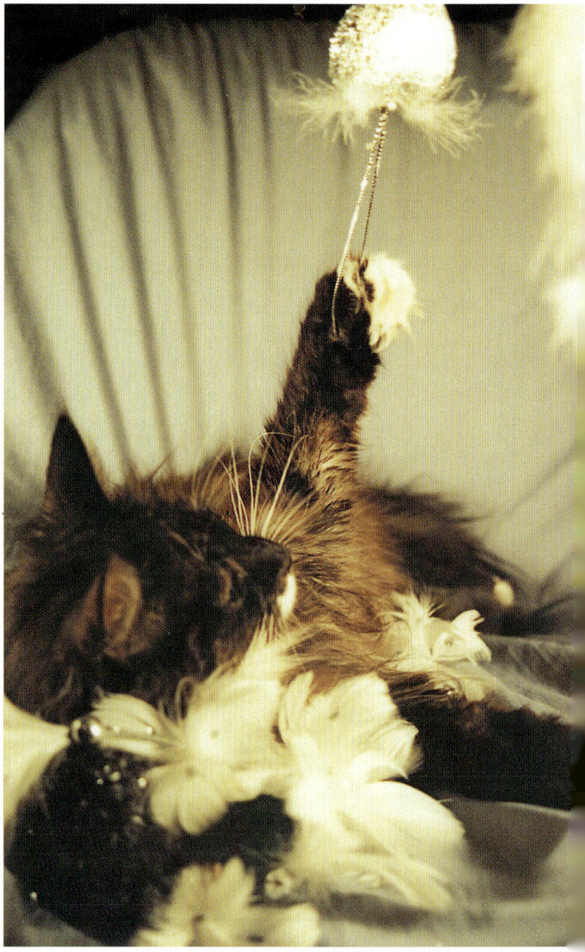

Vorsicht ist immer bei dem beliebten Spiel mit einem Bändchen geboten. Die Katze kann mit der Kralle hängen bleiben und durch wildes Ziehen am Band verletzt werden.
Foto: Jansen-Nöllenburg

An Kinder gewöhnte Katzen können durchaus auch Spaß an einer Fahrt im Puppenwagen haben. Foto: Göcke

Wenn die kleine Katze, um Aufmerksamkeit zu erhalten, auch mal in den Arm zwickt, so ist das nicht weiter schlimm. Es ist aber wichtig, dem Kind zu vermitteln, wie es sich in solchen Situationen verhalten soll. Foto: Jansen-Nöllenburg

Wenn die Katze schläft

Katzen verschlafen fast drei Viertel des Tages. Sie brauchen mehr Schlaf als Erwachsene und sogar mehr Schlaf als ein kleines Kind. Wenn sie schläft, darfst du dich zwar ruhig neben sie legen und sie streicheln, aber sie nicht stören oder erschrecken. Sollte sie dann weggehen, musst du sie in Ruhe lassen.

Wie und wann Katzen spielen

Katzen spielen gerne. Deine Katze kommt zum Spielen zu dir, wenn sie Lust dazu hat. Geh nie zu wild mit ihr um, weil sie das falsch verstehen könnte, deine Hand dann vielleicht als Beute ansieht und kratzt. Zieh deine Hand auch nicht weg, wenn sie auf dem Rücken liegt und sie mit den Pfoten festhält. Achte darauf, dass sie mit ihren Krallen beim Spielen nicht an irgendetwas (z.B. einem Bändchen) hängen bleibt. Das tut ihr weh, sie könnte sich verletzten.

Katzen können lernen, zum Beispiel einen kleinen, weichen Ball oder etwas Ähnliches zu apportieren. Sie reagieren aber insgesamt anders als ein Hund und machen auf Befehl nicht Platz oder Sitz. Du darfst deine Katze nicht foppen, zum Beispiel, indem du ihr Futter zeigst und es ihr dann doch nicht gibst. Das wäre so, als würde ich dir dein Lieblingseis zu kaufen versprechen und dir dann doch nicht geben.

Wenn die Katze kratzt
Komm in meinen Arm und lass uns den Schmerz wegpusten. Wie ist denn das passiert? Erzähl doch mal. Hast du vielleicht etwas getan, was sie falsch verstanden haben könnte?

Wenn die Katze faucht und/oder knurrt
Wenn unsere Katze, wie andere Katzen auch, die Ohren anlegt und faucht oder knurrt, so ist das zunächst als Warnung zu verstehen. Sie will dann damit ausdrücken, dass du sie in Ruhe lassen sollst oder dass sie Angst oder vielleicht sogar Schmerzen hat. Es ist gut,

Katzen schmusen gerne auch mit kleinen Kindern. Unbeaufsichtigt dürfen sie aber nicht beisammen sein. Den Würgegriff mag keine Katze. Foto: Jansen-Nöllenburg

wenn du mir Bescheid sagst, wenn sie sich so verhält. Fasse sie in solchen Momenten nicht an. Sie könnte dir sonst vielleicht weh tun.

Wenn die Katze sich wohl fühlt
Dass die Katze sich wohl fühlt, erkennst du daran, dass sie schnurrt. Streicht sie dir um die Beine, so markiert sie dich mit ihrem Duft als ihren Freund. Auch wenn sie dir Köpfchen gibt, sagt sie dir, dass sie dich gern hat und gestreichelt werden möchte. Wenn sie mit der Nase an deinem Gesicht schnuppert, so freut sie sich darüber, deinen Geruch aufzunehmen. Das ist so ähnlich, wie wenn wir uns ein Küsschen geben. Das ist ein Liebesbeweis und eine Geste der Zärtlichkeit.

Laura lebt mit einem Hund zusammen, hat mit ihm ihre Erfahrung im Umgang sammeln können und ist daher auch in der Lage, kleine Katzen richtig zu handeln. Foto: Jansen-Nöllenburg

Kuschelstunden tun Kindern und Katzen gut. Foto: Jansen-Nöllenburg

Auch sind viele Psychologen der Ansicht, dass Kinder, die mit einem Tier zusammenleben, weniger oder gar nicht unter der Ankunft eines Geschwisterkindes leiden.

Verhaltensforscher und Tierpsychologe Dennis C. Turner untersucht seit vielen Jahren das Wesen der Katze. Er meint: *»Die Katzen sind in vielen Ländern zum beliebtesten Familientier geworden. In jedem zweiten Haushalt der industrialisierten Welt lebt heute ein Haustier, etwa jeder vierte beherbergt eine oder mehrere Katzen. Zahlen belegen auch, dass die Mehrheit der Katzen in Familien mit Kindern wohnen.*

Langzeitstudien haben gezeigt, dass Kinder, die mit einem Tier aufwachsen, in der Regel sozial besser in eine Gruppe integriert sind als Kinder ohne Haustiere. Wer mit der Körpersprache und Mimik eines Tieres vertraut ist, versteht auch die nonverbalen Kommunikationssignale von Menschen besser.«

Mein liebes süßes Schmusetier

Mein liebes süßes Schmusetier —
egal was ist, du hältst zu mir.
Wenn ich einmal traurig bin,
zieht es dich sofort zu mir hin.
Über Leckerchen freust du dich sehr,
über etwas, das vom Tisch herabfällt noch viel mehr.

Viel Spaß haben wir zusammen,
ohne irgendwelches Jammern
wie: Lass dies, lass das! —
so macht es erst richtig Spaß.
Dir kann ich alles sagen
und du stellst auch keine Fragen.

Auch nachts fühl ich mich wohl mit dir zusammen,
da brauch' ich im Dunkeln nicht zu bangen.
Alle Monster vertreibst du aus meinem Leben -
was kann ich dir dafür nur geben?
Dass wir Freunde sind, das ist doch klar,
für mich bist du ein großer Star.
Puppen und all solche Sachen
können mich nicht wie du glücklich machen.
Für all das dank ich dir,
mein liebes süßes Schmusetier.

Gedicht: Vanessa und Karola Schlegel, Dortmund

Da Kinder gute Beobachter sind und viel aus ihren Beobachtungen lernen, vermittelt ihnen die Katze durch direkte Reaktion auf das jeweilige kindliche Verhalten, in welcher Art und Weise sie behandelt werden möchte. Kinder lernen so ganz automatisch, Geduld und Toleranz zu üben. Sie verstehen, dass die Katze anders denkt und handelt als sie und lernen, sich darauf einzustellen. Großzügigkeit können sie dann auch im Umgang mit anderen Menschen zeigen. Ein Kind, das in engem Kontakt mit Tieren lebt, wird dadurch in der Lage sein, sich auf andere Menschen einstellen zu können, auch wenn diese nicht immer eindeutige Signale senden. Turner sagt: *»Nicht die Katze ist falsch, sondern der Mensch schätzt seinen Erfolg als Sozialpartner falsch ein, wenn er glaubt, der Katze seinen Willen aufzwingen zu können.«* Da Kinder von Natur aus bemüht sind, ihre Grenzen auszutesten, erfahren sie im Zusammenleben mit einer Samtpfote, dass diese sie ohne weitere nachfolgende Repressalien in ihre Schranken weist.

Der Pädagoge und Theologe Gotthard M. Teutsch hält Tiere sogar für die besseren Erzieher als Geschwister oder Freunde und ist der Ansicht, dass die Nächstenliebe zum Tier zur Liebe zu Mitmenschen führt: *»Weil Kinder in ihren jüngeren Geschwistern oder Freunden die Hilfsbedürftigkeit nicht erkennen, sondern deren Schwächezeichen als Rivalitätsverhalten deuten (was ja gelegentlich auch zutreffen kann), muss man versuchen, ihre Motivation zur Fürsorglichkeit im Kontakt zu Partnern zu wecken, denen sie sich uneingeschränkt überlegen fühlen. ... Dieser methodische Umweg über das Tier ist für das Kind insofern ein direkter Weg, als (dass) das Tier zunächst gar nicht als Wesen anderer Art, sondern als ein vielleicht etwas zu klein geratenes oder auch ‚verzaubertes' Mitkind empfunden wird.«*

Nicht nur auf die Beziehung des Kindes zu anderen Menschen nimmt die Gemeinschaft mit einer Katze Einfluss. Ein Kind, das Kenntnisse über das eigene Tier entwickelt hat, wird auch andere Tiere als Mitlebewesen empfinden. Kinder, die ohne Kontakt zu Tieren leben, entwickeln häufig keinen realistischen Bezug zu diesen. Mit dem »Tier« werden dann unrealistische, unsterbliche und schmerzunempfindliche Comic Stars wie z.B. Alf oder Micky Maus in Verbindung gebracht. Auch Fernsehtiere verfälschen das Bild vom Tier. Das Tier wird hier nicht selten zum »Übertier« definiert, mit Fähigkeiten, die es im wirklichen Leben gar nicht hat.

Gerade Stadtkindern bringt das Beisammensein mit der Katze die Natur näher.

Ute Klockgether-Dionisio, Tierfreundin, Supervisorin, Gestalt- und Paartherapeutin, erklärt aus ihrer Sicht und Praxiserfahrung, warum gerade Katzen einen wichtigen Stellenwert im Leben von Kindern einnehmen und ihr Leben beeinflussen: »Eine Katze begleitet positiv die Entwicklung von Kindern und Jugendlichen, weil sie ihnen zu mitgeschöpflichem Verhalten verhilft und ihnen vermittelt, die Regeln des sozialen Miteinanders anzunehmen. Für Kinder ist es leichter, soziales Lernen in praktischen Erlebnissen mit einer Katze zu erfahren, als nur Regeln darüber zu hören. Außerdem muss man feststellen, dass eine Katze für Kinder oftmals über Jahre die einzige konstante und zuverlässige Beziehung bildet.

Folgende Punkte sind hierbei von entscheidender Bedeutung:

- Die Liebe einer Katze will gewonnen werden. Sie lässt sich nicht erzwingen. Einfühlungsvermögen, Geduld und Freundlichkeit sind Schlüssel zu ihrem Vertrauen.
- Sie reagiert auf Fehlverhalten sofort und zeigt unmissverständlich und unmittelbar, wenn ihr

Die Therapeutin Klockgether-Dionisio weiß aus ihrer Arbeit zu berichten, dass Tiere als Co-Therapeuten gute Dienste leisten und die kindliche Entwicklung positiv fördern. Foto: Jansen-Nöllenburg

etwas missfällt. In der Regel setzt sie deutlich Grenzen.

- Sie vermag einem Kind große Zuneigung entgegenzubringen, ohne aufdringlich zu sein.
- Im Umgang mit einer Katze lernen Kinder und Jugendliche Feingefühl und Respekt.
- Eine Katze zeigt vorbildlich, dass es möglich ist, Autonomie zu leben sowie Zärtlichkeit und Nähe in der Gemeinschaft zu genießen. Diese Fähigkeit weckt in einem Kind gegensätzliche Gefühle. Die Katze übt somit auf das Kind eine große Anziehungskraft aus.
- Wichtige wie wertvolle Ziele der kindlichen Entwicklung kann das Kind bei der Katze finden, denn die Katze verkörpert rätselhaft und geheimnisvoll den Wunsch nach Unabhängigkeit, Willensstärke und ureigener Persönlichkeit.
- Der Körperkontakt mit der Katze ist für das Kind wohltuend. Das Streicheln des Fells löst innere Spannungen. Das Schnurren wirkt besänftigend, tröstend und ausgleichend.
- Kinder erhalten ohne besondere Vorleistung von ihrer Katze Wärme und Geborgenheit geschenkt und lernen gleichzeitig, Fürsorge und Verantwortung zu übernehmen.«

Der Freund in besonderen Entwicklungsphasen

Prä-Pubertät und Pubertät – Liebe ohne Last

Aus zuvor genannten Gründen ist das Beisammensein mit einer Katze insbesondere auch für Jugendliche in der Pubertät hilfreich. In dieser Zeit fühlen sich Kinder von den Erwachsenen oft unverstanden. Sie müssen sich selbst erst in dem Stadium zwischen Kindheit und Erwachsenwerden zurechtfinden. Eltern beklagen oft, dass ihre Kinder in dieser Phase weder »Fisch noch Fleisch sind«, Argumenten unzugänglich gegenüberstehen und nur noch abwehrend reagieren. Die Zuneigung im Elternhaus wird, so empfinden es die Kids nicht immer zu Unrecht, häufig mit Wohlverhalten und guten schulischen Leistungen verknüpft. Die Beziehungen zur wichtigen peer-group sind zudem nicht immer unbedingt problemlos. Das Interesse am anderen Geschlecht nimmt zu. Zärtlichkeiten werden immer weniger bei den Eltern gesucht. Das Bedürfnis nach Nähe ist jedoch meist noch nicht durch einen andern Geschlechtspartner zu stillen. Es werden bestimmte Verhaltensweisen vom Kind in unterschiedlichen Gruppen erwartet.

Gemeinsam mit der Mieze auf die Schule lernen, kann die Konzentration fördern. Foto: Jansen-Nöllenburg

Die Katze als Partnerin jedoch stellt derartige Ansprüche nicht an das Kind. Sie hat kein Bild von dem Kind in einer bestimmten Rolle. Sie akzeptiert und liebt es in seinen stetigen Veränderungen und unterschiedlichen Stimmungen, solange das Kind ihm seine Zuneigung schenkt, uneingeschränkt. Das Kind braucht bei der Katze nicht die Sorge zu haben, aufgrund seines Verhaltens, seiner Kleidung usw. nicht anerkannt zu werden. Sie liebt das Kind, ohne zu fordern und ist somit in der Lage, das Kind auch bei Kummer aufzuheitern. In stillen Stunden, beim Träumen, beim Fernsehen, beim Lesen oder Lernen vermittelt die Katze dem Kind Ruhe und Gelassenheit. Nicht nur Künstler wissen davon zu berichten, dass Katzen ihre Kreativität fördern kann. Ebenso erzählen Kinder davon, dass sie sich besser konzentrieren können, wenn die Katze zum Beispiel bei der Erledigung der Hausaufgaben in ihrer Nähe weilt.

Auch ist sie, nicht nur Kindern in der Pubertät, eine verständnisvolle Zuhörerin, die nichts von den Geheimnissen und Nöten, die das Kind ihr anvertraut, preisgibt. Die Katze ist für das Kind in dieser

Hinsicht eine zuverlässige Partnerin, der das Kind vertrauen kann. Die Katze kommentiert und sortiert das Gehörte nicht nach richtig und falsch. Sie lauscht dem Ton der Stimme und zieht daraus ihre Schlüsse.

Wie intensiv eine Freundschaft zwischen Kind, Katze und Eltern sein kann, möchte ich Ihnen anhand einer wahren Geschichte verdeutlichen, die mir meine Lektorin Myrta Baumberger erzählt hat. »Eines Morgens sand ich auf und machte das Frühstück, mein Sohn schlief noch. Unsere Katze gebärdete sich wie verrückt, kratzte – völlig gegen ihre Gewohnheit – immer wieder an der geschlossenen Kinderzimmertüre und mauzte. Ich

Mit der Katze zu schmusen, kann auch in der Pubertät wohltuend sein. Foto: Jansen-Nöllenburg

hätte darüber verärgert sein können, dass sie unseren Sohn weckte, gab aber meiner Eingebung nach und schaute nach dem Kind. Florian lag hochrot in seinem Bett und fieberte. Sofort riefen wir den Arzt. Unser Sohn musste ins Krankenhaus. Er war an einer schweren Hirnhautentzündung erkrankt. Der behandelnde Mediziner berichtete uns, dass die Hilfe im allerletzten Augenblick erfolgte. Unsere Katze muss gespürt haben, dass irgendetwas mit dem Kind nicht stimmte. Sie hat unserem Sohn das Leben gerettet.«

Behindertes Kind und Katze

All das, was ich mich bemüht habe, Ihnen als besonders wohltuend auf die kindliche Psyche in der Freundschaft mit einer Katze darzustellen, gilt im Besonderen für behinderte Kinder. Eltern von behinderten Kindern wissen, wie oft die Umwelt auf ihre Kinder mit Unsicherheit oder leider auch mit Zurückweisung reagiert. Von der Katze wird das Kind ohne Ressentiments angenommen. Ein behindertes Kind, dem es schwer fällt, sich verbal mitzuteilen, hat in der Katze einen Partner, mit dem ebenso gut eine nonverbale Kommunikation möglich ist. Auch körperliche Verspannungen können durch die Nähe zur Katze, durch Berührung ihres Fells sowie durch ihr Schnurren gelöst werden.

»Zu den bekannten Effekten tierischer Gefährtenschaft tritt im Falle des behinderten Kindes ein Aspekt hinzu, der pädagogisch von hoher Bedeutung ist. Kindheit ist eine Phase, die wesentlich durch Lernen und Lehren bestimmt ist, und man weiß, dass Kinder gut lernen, wenn sie das zu Lernende an Puppen oder Tiere weitergeben können: als Lehrer. Diese Einsicht lässt sich bei allen Behinderungen nutzen, denen man mit Üben begegnen kann, z.B. Lernbehinderungen.« (S. Greifenhagen, Tiere als Therapie, 1991, München)

In den Monaten, in denen ich mit behinderten Kindern arbeitete, habe ich mir immer gewünscht, dass ihnen ein besserer Zugang zu Tieren ermöglicht würde. Es war wunderschön zu beobachten, wie sehr sie sich freuten, wenn ihnen auf den Spaziergängen ein Hund begegnete oder wie begeistert sie einen Zoobesuch aufnahmen.

Was Eltern von Katzen lernen können

Als bewiesen scheint, dass Menschen, die mit Katzen oder anderen

Tipp **Viele Eltern mit behinderten Kindern sind durch die meist entstehende Mehrarbeit sowie zahlreiche Sorgen besonders stark beansprucht. Daher rate ich zur Anschaffung einer Katze, weil sie durch den bloßen Kontakt Entspannung bieten kann.**
Bei Zweifeln sollten Sie sich mit erfahrenen Pädagogen beraten. Selbstverständlich sind die Art der Behinderung und die Möglichkeit weiterer Belastbarkeit mit in die Überlegung für oder gegen eine Katze einzubeziehen. Ist eine Anschaffung nach Abwägung aller Kriterien nicht sinnvoll, ist zu überlegen, ob nicht Freunde und Bekannte mit Heimtieren öfters besucht werden könnten. Kinder – ob behindert oder nicht – besitzen in der Regel ontogenetisch eine größere Nähe zu Tieren, die nutzbar gemacht werden könnte.

Heimtieren aufwuchsen, ihre Neigung zu Tieren auch als Erwachsene bewahren. Das Gefühl, dass eine Katze ein Familienmitglied ist, wird Kindern durch das Verhalten ihrer Eltern vermittelt und somit auch mitgeschöpfliches Verständnis. Aber nicht nur Kinder gewinnen einen Nutzen aus dem Zusammenleben mit der Katze.
Ich habe Ihnen schon davon erzählt, dass wir mehrere Katzen haben. Das ist ganz wunderbar, weil jede unserer Katzen nach ihren Fähigkeiten auf unsere unterschiedlichen Bedürfnisse eingeht. So hat nicht nur mein Sohn in seinem Lieblingskater Camillo einen vierbeinigen Freund gefunden. Auch ich werde von meinen Katzen in meinen Handlungen als Mutter beeinflusst. Meine Pretty Belinda, genannt Piepsi, kommt sofort zu mir gelaufen, wenn ich mit meinem Sohn schimpfe und ganz besonders wütend bin. Sie setzt sich schnurrend neben mich und gibt mir Köpfchen. Ich bin mir absolut sicher, dass es ihr Bestreben ist, mich in solchen Momenten zu beruhigen. Dies gelingt ihr auch, weil mir durch ihr Verhalten direkt klar wird, dass nichts so heiß gegessen wie gekocht wird.
Katzenmütter im Verhalten mit ihren Kindern zu beobachten, ist für mich ganz besonders interessant und lehrreich. Sie beweisen im

Umgang mit ihren Kindern eine unendliche Geduld, strafen bei Respektlosigkeit oder zur Gefahrenvermeidung kurz und prägnant, zum Beispiel durch einen Tatzenhieb, sodass das Jungtier den Strafreiz nur als Konsequenz auf sein Handeln und nichts als Reaktion des Muttertieres versteht, und sind in keiner Weise nachtragend. Was ich im Besonderen bewundere, ist die Fähigkeit von Katzenmüttern, sich Freiräume zu schaffen. Sie drängen sich ihren Kindern nicht auf, kümmern sich aber ausgiebig und liebevoll um ihre Kleinen, wenn diese Zuwendung brauchen.

Darüber hinaus bietet uns das Leben mit Katzen die Entspannung, die wir hin und wieder unbedingt brauchen, um uns geduldig und liebevoll wieder unseren Kindern widmen zu können.

Die amerikanische Ärztin A. Cian hat die Behauptung aufgestellt, Haustiere können Ehestreitigkeiten verhindern. Zwar kenne ich einige wenige Paare, die sich gerade wegen ihrer Katze streiten (meist weil einer der beiden eigentlich nicht mit Tieren zusammenleben möchte), die meisten berichten jedoch, dass sie durch ihr Tier immer einen Gesprächsstoff haben, der in der Regel frei von Problemen ist, und selbst bei Sorgen um das Tier das Zusammengehörigkeitsgefühl gestärkt wird. Katzen sind allerdings nicht in der Lage, kaputte Beziehungen zu kitten. Ich bin der Ansicht, dass sie jedoch entspannend wirken und nicht nur Kinder, sondern auch Erwachsene zur Toleranz motivieren. Und ohne diese sind auch zwischenmenschliche Beziehungen schwierig.

VIII. Wenn die Katze alt und krank ist

Wie man das Kind auf Krankheit und Verlust vorbereitet

Irgendwann wird der Tag kommen, an dem abzusehen ist, wann die geliebte Katze in die »ewigen Jagdgründe« eingehen wird. Das Kind auf diesen Tag vorzubereiten, ist nicht ganz einfach. Kaum sterben heute unsere Samtpfoten noch im Schlaf friedlich ein. Meist erkrankt das Tier sichtbar und wenn keine Rettung abzusehen ist, hat der Katzenfreund die schwere Entscheidung der Einschläferung zu fällen. Als unser erster Kater, Felix, eingeschläfert werden musste, war mein Sohn gerade vier Jahre alt. Der Tod des Katers ging zeitlich einher mit der Einführung in den Kindergarten, die Pascal, weil er sich nicht von mir trennen wollte, sehr schwer fiel. Ich wollte unseren Sohn vor allzu viel Schmerz bewahren und erzählte ihm daher, dass Felix in Urlaub gefahren sei. Über einige Wochen fragte das Kind immer wieder nach, wann Felix denn endlich nach Hause kommen würde. Irgendwann fasste ich mir ein Herz und sagte Pascal die Wahrheit. Er weinte bitterlich und meinte, ich sei schuld, weil ich Felix in Urlaub gegeben hätte. Als ich Pascal alles ganz genau erklärte und ihm sagte, dass ich ihn angelogen hätte, um ihn zu schützen, sagte er mir sehr ernst, dass er doch schon groß wäre. Ich beschloss von da an, mein Kind nicht mehr anzulügen.

Wir können unsere Kinder, auch wenn wir es möchten, nicht vor allem Unangenehmen im Leben schützen. Schmerz und Trauer gehören genauso zum Leben wie Freude. Geburt und Tod sind Erfahrungen, die einem Kind verdeutlichen, dass alles im Leben einem stetigen Wandel unterworfen ist. Das hört sich sehr theoretisch an, ist aber dennoch zutreffend. Pauschal lassen sich keine Tipps oder Ratschläge zur Bewältigung von Trauer geben. Dennoch kann man seinem Kind die Möglichkeit bieten, Angst und Trauer als normale Regungen anzunehmen, indem man selbst mit ihm über die eigenen Ängste spricht und zeigt, wie erschüttert man selbst ist. Als meine Lieblingskatze Mimi an Krebs

Irgendwann sollten Eltern ihre Kinder darauf vorbereiten, dass das Leben nicht unendlich ist. Foto: Baumberger

starb, traf mich, obwohl sie einige Wochen schon krank war, ihr Tod letztendlich überraschend. Ich wollte nicht akzeptierten, dass ihr Leben ganz schnell zu Ende ging und dass es keine Hilfe gab. Mein Sohn, dem ich nicht verschwiegen hatte, wie schlecht es der Katze ging, war ganz anders als ich in der Lage, die Situation realistisch einzuschätzen. Er fand unsere Katze, die am frühen Morgen friedlich eingeschlafen war, tot auf dem Wohnzimmerteppich liegen und sagte mir Bescheid. Viel besser als jeder andere war er imstande, mich zu trösten. Er machte sich zudem Sorgen darüber, dass ich mit meinem Schmerz alleine wäre, wenn er in die Schule ging und motivierte mich, meine Freundin anzurufen.

Sie sehen an dieser Geschichte, dass Kinder, die sich mit derartigen Problemen beschäftigen dürfen, belastbarer sind, als wir glauben. Ganz wichtig ist es meines Erachtens, sich mit dem Tabuthema Tod frühzeitig auseinander zu setzen, schon bevor ein Sterbefall zu erwarten ist oder plötzlich eintritt. Religiöse Eltern könnten ein solches Problem anhand der Geburt und dem Tod Jesu zu Weihnachten und zu Ostern thematisieren. Auch Gespräche über das Ableben von entfernten Verwandten, zu denen nicht unbedingt eine enge Beziehung bestand, können zur Vorbereitung dienen. So lässt sich vermeiden, dass das Kind mit dem Tod überhaupt nichts anfangen kann und/oder Schuldgefühle entwickelt, weil es vielleicht einmal nicht ganz so nett oder aufmerksam dem Tier gegenüber war und es glaubt, das Tier wäre aus diesem Grunde »fort«gegangen.

Wenn das geliebte Tier geht, so ist das trotz aller vorherigen Gespräche dennoch immer ein Schock. Psychologen raten dazu, sich die Möglichkeit zu nehmen, das Tier würdevoll zu verabschieden. So können Sie, ist Ihre Katze verstorben, überlegen, wie und wo sie beerdigt werden soll. Über die Katze zu reden, von ihren Kapriolen zu berichten, Fotos anzusehen, Bilder zu malen und Ähnliches scheint zunächst schwieriger als Verdrängung, kann aber zur Trauerarbeit sehr hilfreich sein.

Viele Erwachsene und auch Kinder fühlen sich ihrer verstorbenen Katze gegenüber schuldig, wenn sie sich ein neues Kätzchen anschaffen wollen. Kindern kann man sehr gut erklären, dass die Katze es gar nicht schön fände, wenn die Menschen, die sie so bedingungslos liebte, nur noch Trübsal blasen. Die neue Katze wird sowieso die Lücke, die die alte hinterlassen hat, nicht füllen können. Sie lenkt aber wunderbar vom Schmerz ab, weil sie – neu in der Familie, als Jungtier getrennt von Mutter und Geschwistern – viel Liebe und Zuneigung braucht. Wir z.B. haben eine Tochter von Mimi behalten, die in vielen Dingen ganz anders ist als sie, aber ihr auch in zahlreichen anderen Momenten sehr gleicht. Ein Teil von Mimi ist somit immer bei uns.

Und so naiv es vielleicht für Sie auch klingen mag, ich finde die Vorstellung beruhigend, dass all die Katzen, die von uns gehen mussten, »oben« auf einer Wolke sitzen und mich und meine Familie weiterhin durchs Leben begleiten.

Denn nichts geht verloren, was man wirklich liebt.

In diesem Sinne wünsche ich Ihnen und Ihren Kindern viele wunderschöne, harmonische und bereichernde Stunden mit Ihrer Katze – ein langes Leben lang.

S. Jansen-Nöllenburg

Buchtipp zum Thema
D. Tausch-Flammer / L.Bickel, Wenn Kinder nach dem Sterben fragen. Ein Begleitbuch für Kinder, Eltern und Erzieher (Herder Verlag)

Weiterführende Literatur zum Verhalten von Kindern

Dreikurs, Rudolf / Soltz, Vicki,
Kinder fordern uns heraus,
Klett-Cotta Verlag, Stuttgart 1966

Fenwick, Elisabeth / Smith,
Dr. Toni,
Pubertät,
Ravensburger Buchverlag 1995

Singerhoff, Lorelies,
Hallo Baby,
Oberstebrink Verlag 2000

Unterhaltsame Literatur zum gemeinsam Lesen und weiterentwickeln

Berner, Rotraut Susanne,
ABC, die Katze lief im Schnee,
DTV 2000

Nordqvist, Sven,
Eine Geburtstagstorte für die Katze (Geschichten von Petterson und Findus),
Verlag F. Oetinger, Hamburg

Waluszek, Christian,
Wie Napoleon das schwarze Schaf rettete,
Arena Verlag 2000

Rund um die Katze

Diese Reihe aus dem Müller-Rüschlikon-Verlag begleitet den Katzenbesitzer Schritt für Schritt durch alle möglichen Stadien eines »Lebens mit der Katze«. Die einzelnen Bände bauen aufeinander auf und ergänzen sich. Die Inhalte bieten wertvolle Hilfestellungen rund um das Miteinander von Katze und Mensch und tragen dazu bei, die Katze zu verstehen und Fehler im Umgang mit ihr zu vermeiden.

Sabine Jansen-Nöllenburg
Wir wollen eine Katze
Bevor man sich den Wunsch nach einer Katze erfüllt, sollte man prüfen, ob man überhaupt ein Katzenmensch ist. Der Ratgeber hilft bei der Beantwortung dieser Frage.
96 Seiten, 36 Farbbilder **Bestell-Nr. 41358**

Sabine Jansen-Nöllenburg
Wie Katzen mit uns reden
Wer diesen Band gelesen hat, kann Verständigungsfehler vermeiden und viel Freude daran entwickeln, den facettenreichen Charakter seiner Katze zu erforschen.
96 Seiten, 35 Farbbilder **Bestell-Nr. 41374**

Jansen-Nöllenburg
Unsere Katze zieht ein
Die Erziehung einer kleinen Katze zu einem angenehmen, freudebringenden Familienmitglied steht hier im Mittelpunkt. Dazu Ratschläge zur Gesundhaltung der Katze.
96 Seiten, 35 Farbbilder
Best.l-Nr. 41359

Jeder »Ratgeber rund um die Katze« kostet DM 14,80/sFr 14,80/öS 108,–

Ihr Verlag für Katzen-Bücher
Gewerbestraße 10, CH-6330 Cham
Postfach 4161, CH-6304 Zug
Telefon ++41(0)41 740 30 40
Telefax ++41(0)41 741 71 15

Müller Rüschlikon

Stand Januar 2001 / Änderungen in Preis und Lieferfähigkeit vorbehalten